세계사 아는 척하기

SHIREBA SHIRUHODO OMOSHIROI
CHIRI CHIMEI CHIZU KARA YOMITOKU SEKAISHI
Supervised by MASAKATSU MIYAZAKI
Copyright © TOMOHIRO FUKUDA 2014
All rights reserved.
First original Japanese edition published by Jitsugyo no Nihon Sha, Ltd.
Korean translation rights arranged with Jitsugyo no Nihon Sha, Ltd.
through CREEK&RIVER Co., Ltd. and PLS Agency

세계사
아는 척하기

후쿠다 토모히로 지음 · 조명희 옮김

지리, 지명, 지도로 보는
흥미로운 세계사
잡학 상식 39

팬덤북스

한눈에 들어오는 세계사 지도

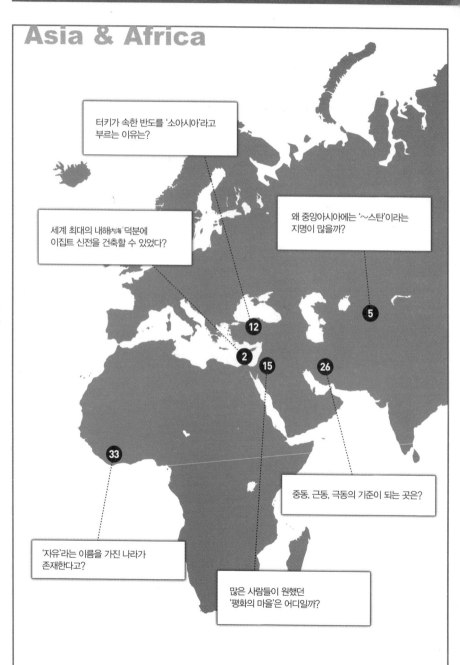

Asia & Africa

터키가 속한 반도를 '소아시아'라고
부르는 이유는?

왜 중앙아시아에는 '~스탄'이라는
지명이 많을까?

세계 최대의 내해內海 덕분에
이집트 신전을 건축할 수 있었다?

12

2

15

26

5

33

중동, 근동, 극동의 기준이 되는 곳은?

'자유'라는 이름을 가진 나라가
존재한다고?

많은 사람들이 원했던
'평화의 마을'은 어디일까?

모스크바와 시베리아는 같은 의미를 가진 지명이라고?

39

계薊, 연경燕京, 중도中都, 대도大都, 칸바리크Khān Bālīq의 현재 이름은?

중국에도 '동경東京'이 있었다고?

부처의 이름이 지명인 곳은 어디일까?

34

소동파가 〈적벽부赤壁賦〉를 읊은 장소는 적벽대전이 일어난 곳이 아니라고?

17

14

6

삼장 법사가 가려 했던 곳은 천축(인도)일까, 간다라일까?

13

3

인도라는 이름을 붙여 준 사람이 그 영웅이었다고?

37

38

'유황도硫黃島'의 일본어 표기는 '이오지마'일까, '이오토'일까?

보르네오섬은 왜 인도네시아, 말레이시아, 브루나이 3개 국가로 나뉘었을까?

Asia

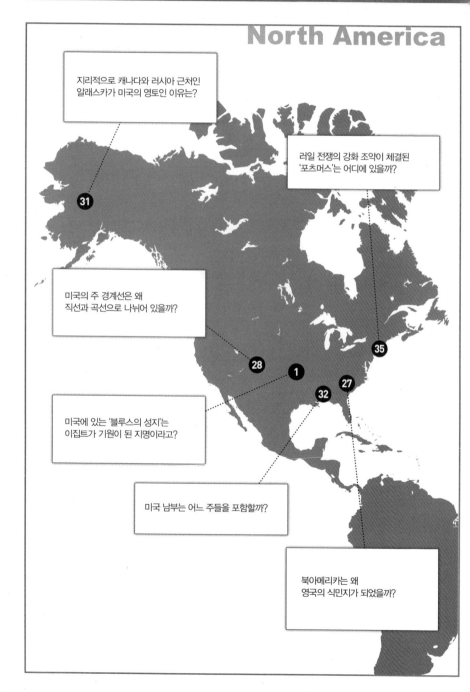

North America

지리적으로 캐나다와 러시아 근처인
알래스카가 미국의 영토인 이유는?

31

러일 전쟁의 강화 조약이 체결된
'포츠머스'는 어디에 있을까?

미국의 주 경계선은 왜
직선과 곡선으로 나뉘어 있을까?

35

28

1

32

27

미국에 있는 '블루스의 성지'는
이집트가 기원이 된 지명이라고?

미국 남부는 어느 주들을 포함할까?

북아메리카는 왜
영국의 식민지가 되었을까?

'리우데자네이루'는 선원들이 착각해서
만들어진 지명이라는데?

20

30

칠레의 국토가 남북으로 긴 이유는?

South America

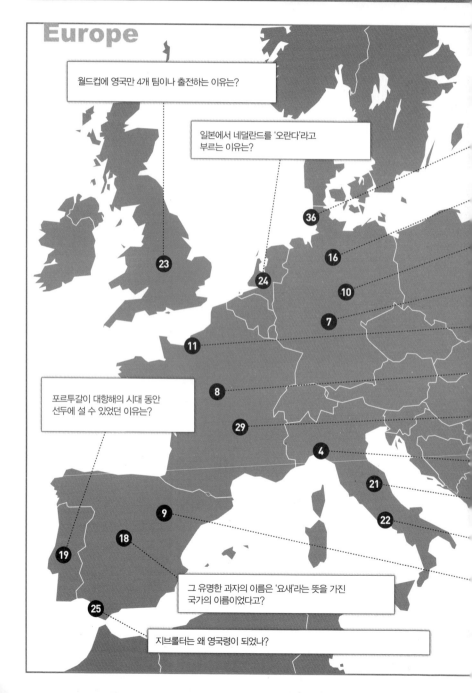

Europe

월드컵에 영국만 4개 팀이나 출전하는 이유는?

일본에서 네덜란드를 '오란다'라고
부르는 이유는?

포르투갈이 대항해의 시대 동안
선두에 설 수 있었던 이유는?

그 유명한 과자의 이름은 '요새'라는 뜻을 가진
국가의 이름이었다고?

지브롤터는 왜 영국령이 되었나?

세계 3대 운하로 수에즈 운하, 파나마 운하, 그리고 나머지 하나는?

'햄버거'의 기원은 어디일까?

독일 주변에 '~부르크'라는 지명이 많은 이유는?

독일을 'Germany'라고 하는 이유는?

서유럽에 위치한 '노르망디'라는 지명에서 북유럽 느낌이 나는 이유는?

프랑스인은 창을 잘 던질까?

나폴레옹이 유배되었던 엘바섬과 세인트헬레나섬은 어디일까?

한니발이 지중해가 아닌 알프스를 넘어 로마로 진출한 이유는?

그 유명한 사람의 이름이 사실은 동네 이름이었다면?

세계에서 가장 작은 국가는 어디일까?

나폴레옹은 이베리아반도가 아프리카라고 생각했다는데?

Europe

지리, 지명, 지도의 수수께끼로
세계사를 파헤치다

요즘 세계사를 다루는 책들이 종종 화제가 되고 있다. 급변하는 국제 정세를 파악하기 위해 현대의 세계가 어떤 과정을 거쳐 형성되었는지 알고 싶은 독자들이 많아서일 것이다. 이 책은 학교를 졸업하고 한동안 세계사를 접할 기회가 없었던 독자들에게 세계사의 기초 중에서도 기초를 다시 한 번 되짚어 준다.

문명의 탄생에서 제2차 세계 대전 이후까지, 대략적인 세계사의 흐름을 책 한 권에 담아 보았다. 굳이 말하자면 학창 시절 배웠던 세계사 내용에 플러스알파 정도가 더해진 수준이다. 아마 학창 시절에 세계사를 싫어했던 사람들도 쉽게 읽을 것이다.

역사서는 역사의 흐름을 단순히 나열하기만 해서는 재미가 없다. 그런 책은 읽고 난 후 기억에 잘 남지도 않는다. 이 책은 세계의 통사를 단순히 연대별로 해설하려고 하지 않고 '지리, 지명, 지도와 관련된 흥미로운 잡학 상식'을 추가했다. 예를 들어 독일 주변에는 '~부르크'라는 지명을 가진 도시가 많은 이유, 미국의 주 경계선이 직선과 곡선으로 나뉜 이유 같은 소박한 의문들과 관련지어서 세계사를 살펴본다.

독자들은 이전 역사서와 다르게 흥미롭게 읽을 수 있을 것이고, 기억에도 오래 남으리라 생각한다. 지리, 지명, 지도에 관한 세계사의 다양한 상식을 책 한 권으로 더욱 많이 알게 될 것이다. 아울러 각 항마다 지도와 도표를 삽입하여 더욱 이해하기 쉽게 했다.

고등학교에서 오랫동안 교사로 재직했고, 홋카이도교육대학 교수, NHK TV 강좌 강의, 교과서 집필 등 다양한 분야에서 활동하신 미야자키 마사카츠宮崎正勝 선생님께서 감수를 맡아 주셨다. 지면을 빌려 감사드린다는 말을 전하고 싶다.

후쿠다 토모히로

차 례

 제1장

4대 문명에서 시작된 세계의 변천

차 례

제1장

4대 문명에서
시작된
세계의 변천

01

미국에 있는 '블루스의 성지'는 이집트가 기원이 된 지명이라고?

: 4대 문명의 시작 :

지명에 얽힌 수수께끼

엘비스 프레슬리를 키운 음악의 도시, '멤피스'

엘비스 프레슬리가 생을 마친 자택이 있는 도시는 미국 테네시주의 멤피스이다. 지금도 그가 살았던 대저택 그레이스랜드와 로큰롤 박물관 등은 많은 방문객들이 찾는 명소이다. '블루스의 성지'라고 불리는 이 도시의 거리를 걷다 보면 사방에서 들리는 음악 소리에 마음이 뭉클해진다. 왜 '블루스와 록의

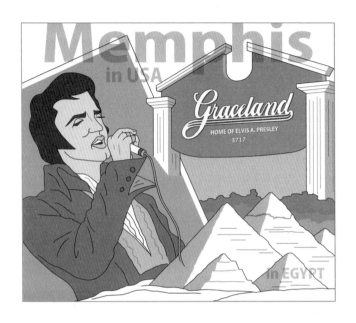

발상지'라고 불리는지 느낌이 온다.

원래 멤피스라는 지명은 다른 도시의 명칭이었다. 초창기 이 곳에는 가난한 사람들이 많아서 고대의 유명한 도시 이름을 붙여 번영을 기원했다고 한다. 그 고대 도시가 바로 이집트 왕조의 수도인 멤피스이다.

나일강 삼각주의 정점에 위치한 멤피스는 강을 건너는 범선을 통해 많은 물자가 모이는 곳이었다. '이집트'라는 이름은 멤피스의 옛날 이름이 변하여 생겨난 이름이다. 록과 블루스가 없었던 이집트의 도시 멤피스는 기원전부터 지금 미국 '블루스의 성지'보다 훨씬 더 번영했던 도시였다.

세계사의 전개

세계 4대 문명은 강 인근 지역에서 탄생했다.

인류 최초의 문명은 중위도 지대의 큰 강 4개의 유역에서 발생했다. 나일강 유역의 이집트 문명, 티그리스강과 유프라테스강 유역의 메소포타미아 문명, 인더스강 유역의 인더스 문명, 황하강 유역의 황하 문명이다. 이후 이들 지역이 세계사 발생의 중심지가 되었다.

고대 그리스의 역사가인 헤로도토스는 고대 이집트를 '나일의 보물'이라고 했다. 나일강은 정기적으로 범람했다. 그 덕택에 강 주변의 토양은 비옥해졌으며, 이집트는 풍요로운 농업 지역으로 태어나게 되었다.

사막과 바다로 둘러싸여 이민족의 침입이 적었기 때문에 장기간 이집트 문명이 지속될 수 있었다. 기원전 3천 년경에는 '파라오'라고 불리는 왕이 다스리는 통일 국가가 탄생했고, 수도인 멤피스도 번창했다. 파라오 왕의 권력과 국가의 번영은 평균 2.5톤의 돌 230만 개를 쌓아서 만든 쿠푸왕의 피라미드로 상징된다.

티그리스강과 유프라테스강 유역에서도 기원전 3천 년경부터 메소포타미아 문명이 번영하였다. 이 지역은 이집트와 달리 주변 유목민들의 진출이 활발하여 여러 왕조와 민족의 번영과 쇠퇴가 반복되었다.

바빌로니아 지역에는 '눈에는 눈'이라는 보복주의 원칙을 담은 함무라비 법전으로 잘 알려진 바빌로니아 제1왕조(B.C. 1894년경~B.C. 1595년경)가 있었다. 그 바빌로니아 왕조 역시 전차와 철제 무기를 가지고 있던 히타이트인에 의해 멸망했다.

그 후에도 지중해 무역으로 번창한 페니키아인, 히브리인(유태인) 등 다양한 민족과 국가가 계속해서 생겨나고 사라지기

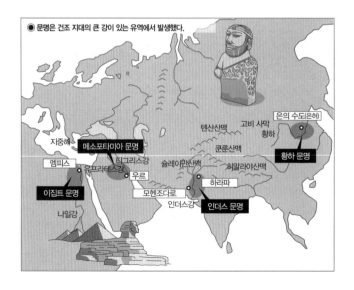
● 문명은 건조 지대의 큰 강이 있는 유역에서 발생했다.

를 반복했다. 유럽의 시각에서 이 지역은 '동방, 해가 뜨는 지방'에 위치한다고 하여 후대에 '오리엔트'라고 불리기도 한다.

폐쇄된 지역에서 번영한 두 개의 문명

기원전 2,300년경 인더스강 유역에서는 인더스 문명이 탄생했다. 인도는 히말라야산맥과 술레이만산맥, 넓은 인도양에 둘러싸인 지역으로 독자적 문화가 형성되었다. 그 예로 모헨조다로와 하라파 등 당대를 대표하는 유적을 들 수 있다. 기원전 1,000년경 북서쪽에서는 아리아인의 침입을 받기도 하였다. 브라만교와 카스트 제도가 생겨나고 갠지스강 유역으로 문명의 중심이 이동하는 등 변화를 겪었다.

한편 동아시아에서는 황하 유역에서 황하 문명이 탄생했다. 사막에서 불어온 비옥한 황토가 황하 유역에 쌓인 데 반해, 강의 하류에서는 바다에 황토가 퇴적되어 범람했다. 강의 범람을 막기 위한 치수 공사는 역대 왕조에게 큰 고민거리였지만, 대규모 치수 사업을 시행하면서 강력한 중앙 집권 체제가 확립되는 계기가 되기도 했다. 이 지역 역시 사막과 산맥, 대초원 등으로 둘러싸여 독자적 세계의 형성이 가능했다.

그 외에도 서아시아 지역을 횡단하는 대제국이 세워지기도 했지만, 지형적 폐쇄성이 높았던 남아시아(인도)와 동아시아(중국)의 넓은 지역에서 거대한 왕조의 흥망성쇠가 거듭되었다.

세계 최대의 내해內海 덕분에 이집트 신전을 건축할 수 있었다?

: 페니키아인과 그리스 문명 :

지리에 관한 수수께끼

삼나무 생산지로 유명한 레바논

세계 최초로 문명이 시작된 이집트와 메소포타미아. 이들 지방은 사막 지대여서 산림 자원이 풍부하지 못했다. 그렇다면 이집트와 메소포타미아 사람들은 신전과 궁전 건축에 필수품인 목재를 어떻게 구했을까?

두 지역 사람들은 목재를 전부 수입에 의존했다. 아라비아반도에 닿아 있으며 지중해 동부 연안에 위치한 레바논은 아랍어로 '하얗다'는 의미이다. 지중해에서 바라본 산맥에 쌓인 하얀 눈에서 이름이 유래되었다고 한다. 그 유래로부터 짐작해 보면 레바논이라는 이름은 바다의 관점에서 만들어진 지명인 것이다.

레바논은 고대부터 건축 자원으로 유용한 '레바논 삼나무'의 산지로 잘 알려진 곳이다. 이 지역에 살고 있던 페니키아인은 세계 최대의 내해인 지중해를 이용하여 해상 운송을 했다. 그리하여 명산품인 레바논 삼나무를 최대 소비지인 이집트에 수출하였다. 만약 지중해를 통한 교역 루트가 없었다면 고대 이집트 문명은 그 정도까지 성장할 수 없었을지도 모른다. 참고로 레바논 국기 중앙에는 명산품 레바논 삼나무가 그려져 있다.

세계사의 전개

페니키아인이 남긴 흔적들

레바논 삼나무 수출로 이득을 본 페니키아인은 지중해 무역을 독점하고, 주변국들과 거래하기 시작했다. 또한 많은 식민지를 건설하였기 때문에 지중해 연안에는 페니키아어에서 유래한 지명들이 많이 남아 있다.

'시칠리아'는 페니키아어로 '농민의 땅'을 뜻하며, '몰타'는 '피난지', '사르데냐'는 '발자국'을 의미한다. 페니키아인의 대표적인 식민지인 북아프리카의 '카르타고'는 '새로운 도시'라는 뜻으로, 당시 페니키아인에게 카르타고는 뉴타운이었던 듯하다. 우리가 잘 알고 있는 포르투갈의 '리스본'은 '평온한 작은 만'이라는 뜻의 페니키아어이다. '스페인'이라는 국명도 '들토끼가 많은 땅'이라는 의미의 페니키아어에서 유래가 되었다는 설이 있다.

이처럼 잘 알려진 지명 외에도 페니키아인이 남긴 최대의 유

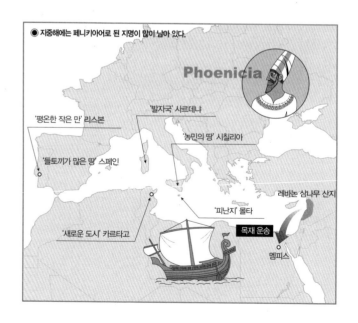

● 지중해에는 페니키아어로 된 지명이 많이 남아 있다.

Phoenicia

'평온한 작은 만' 리스본

'발자국' 사르데냐

'농민의 땅' 시칠리아

'들토끼가 많은 땅' 스페인

레바논 삼나무 산지

'피난지' 몰타

목재 운송

'새로운 도시' 카르타고

멤피스

산이 있다. 바로 페니키아 문자를 기반으로 만든 알파벳이다.

고대 그리스의 발전과 쇠퇴

기원전 8세기경 지중해 연안에서는 그리스를 중심으로 도시 국가polis가 생겨났다. 그리스는 지형적으로 산이 많고 사람이 살기에 적합한 평지는 적어 늘어나는 도시 국가의 인구를 감당하기 어려웠다. 그러자 그리스인들은 지중해와 흑해 연안의 식민지 건설을 통해 지배 지역을 넓혀 나갔다. 그리스는 식민지 건설과 활발한 무역 활동으로 새로운 세력으로 성장하였지만, 그리스의 동쪽에는 이미 거대한 제국이 존재하고 있었다. 바로 세계 유일의 제국인 아케메네스 왕조이다.

기원전 550년, 페르시아인의 나라 아케메네스 왕조가 탄생했다. 지도에서 알 수 있듯이 서쪽의 이집트와 에게해에서부터 동쪽의 인더스강 유역에 이르는 거대한 영역을 가진 대제국이었다. 아케메네스 왕조가 세력 확장을 위해 에게해와 흑해 연안으로 그리스를 공격하자, 기원전 500년에 아테네를 중심으로 그리스의 몇몇 도시 국가와 아케메네스 왕조와의 전쟁이 시작되었다. 이른바 페르시아 전쟁이다. 그리스는 페르시아 전쟁에서 대제국 아케메네스 왕조를 상대로 기적적인 승리를 거두어 독립을 유지할 수 있었다.

고대 그리스는 상업 도시 아테네를 중심으로 다양한 분야에서 문화가 성장했다. 인문 분야에서는 올림포스 신화가 탄생했으며, 서사시와 그리스 비극이 생겨났다. '피타고라스의 정리'로 유명한 피타고라스 등이 자연 과학 분야에서 활약했다. 소크라테스, 플라톤, 아리스토텔레스와 같은 세기의 철학자들이 배출되기도 했다. 건축과 미술, 공예 분야에서도 큰 성장을 이루었다. 파르테논 신전이 대표적인 예라 하겠다.

문화적으로 융성했던 상업 사회 그리스도 오래 지속되지는 못했다. 시간이 흐르자 일부 도시 국가 사이에서 분쟁이 발생했고, 내부에서부터 사회 붕괴가 시작되었기 때문이다.

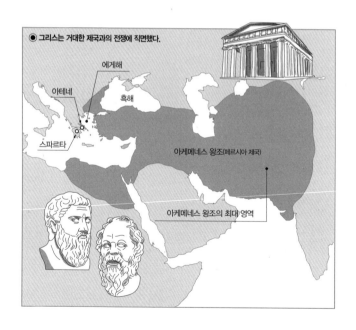

● 그리스는 거대한 제국과의 전쟁에 직면했다.

에게해
아테네
흑해
스파르타
아케메네스 왕조(페르시아 제국)
아케메네스 왕조의 최대 영역

인도라는 이름을 붙여 준 사람이 그 영웅이었다고?

: 알렉산더 대왕과 헬레니즘 문화 :

지명에 관한 수수께끼

어느 서양인의 동방 원정과 인도라는 지명의 관계

근대 이후 사회에서는 특정 인물이 도시 이름을 붙이거나, 혹은 그 인물이 도시 이름이 되기도 했다. 그러나 기원전에 붙여진 '인도'라는 국명이 개인이 붙인 이름이라는 점은 살짝 놀랍기도 하다. 게다가 이름을 붙인 인물이 인도 사람이 아니라 유럽 사람이라는 사실은 더욱 놀랄 만하다.

인도라는 이름을 붙인 사람은 알렉산더 대왕이다. 그는 그리스 북방의 마케도니아에서 출발하여 페르시아인의 아케메네스 왕조를 무너뜨린 인물이다. 인도라는 이름은 알렉산더 대왕이 인더스강 유역으로 원정을 떠났을 때 만난 큰 강의 흐름을 보고 지은 것이다. 산스크리트어로 '강'을 의미하는 '힌두hindu'에서 따와 그 강을 '인더스'라고 이름 붙였다고 한다. 그리하여 인더스강 부근의 지역은 '인도'라고 불리게 되었다.

세계사의 전개

지중해와 서아시아를 융합시킨 알렉산더 대왕

앞서 이야기한 것처럼 자기들끼리의 전쟁으로 인해 그리스의 도시 국가들은 힘을 잃게 되었고, 그 틈을 타 마케도니아가 성장하였다. 기원전 338년, 마케도니아의 왕 필리포스 2세는 그리스의 테베·아테네 연합군을 무찌르고 스파르타를 제외한 도시 국가 전체를 지배하기 시작했다.

필리포스 2세는 군사적으로 뛰어난 재능을 가졌을 뿐만 아니라, 아들의 가정 교사로 아리스토텔레스를 채용할 정도로 문화와 철학에도 많은 관심을 가졌다. 아리스토텔레스가 가르쳤던 아들이 바로 알렉산더이다.

알렉산더는 아버지가 죽은 후 왕위를 물려받았다. 그는 즉위 2년 후인 기원전 334년, 마케도니아와 그리스의 연합군을 인솔하여 당시 유일한 제국인 아케메네스 왕조로 원정을 떠났다. 이러한 무모한 원정을 떠날 당시 알렉산더 대왕은 22세의 젊은 나이였다.

동방 원정에 나선 알렉산더 연합군은 의외의 승리를 계속하였다. 해협을 건너 아케메네스 왕조의 영역에 들어간 알렉산더 대왕은 이소스 전투에서 페르시아 군을 무찌르고 서쪽 해안 근처로 진군하여 이집트로 들어갔다.

오랫동안 페르시아 지배하에 있었던 이집트는 알렉산더 연합군을 해방자로 환대했고, 알렉산더 연합군은 단숨에 득세하였다. 알렉산더 대왕은 멤피스의 서쪽에 자신의 이름을 붙인 '알렉산드리아'라는 도시를 건설했다.

그 후 알베라 전투에서 승리한 알렉산더 연합군은 페르시아 제국을 무찌르고 인더스강 유역까지 진군했다. 더 이상의 행

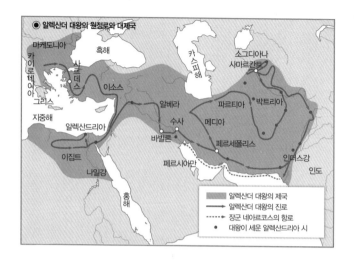

● 알렉산더 대왕의 원정로와 대제국

마케도니아
카이로네아
흑해
카스피해
소그디아나
사마르칸트
살데스
이소스
그리스
알베라
파르티아
박트리아
지중해
수사
메디아
알렉산드리아
바빌론
페르세폴리스
이집트
페르시아만
인더스강
나일강
홍해
인도

알렉산더 대왕의 제국
알렉산더 대왕의 진로
장군 네아르코스의 항로
● 대왕이 세운 알렉산드리아 시

군을 병사들이 원하지 않자 알렉산더 대왕은 인더스강 유역
에서 원정을 끝냈다. 알렉산더 대왕은 당시 유일했던 제국을
멸망시켜 지중해, 서아시아, 인도 3개의 제국이 분립하는 기반
을 구축한 인물로 후세에 남게 되었다.

페르시아 제국을 계승한 헬레니즘

알렉산더 대왕은 이집트를 포함한 여러 지역에 '알렉산드리
아' 시를 건설했다. 그 수가 70개 정도로 알려져 있지만, 현재
확인된 수는 25개 남짓이다.

알렉산더 대왕은 페르시아와의 적극적인 융합 정책을 펼쳤
다. 알렉산더 대왕이 멸망시켰던 아케메네스 왕조의 왕녀와

혼인 관계를 맺는 등 페르시아의 왕족, 귀족의 딸들과의 결혼을 장려하기도 했다.

알렉산더 대왕은 기원전 323년에 열병에 걸려 바빌론에서 죽음을 맞이했다. 동방 원정을 떠나 10년이 지났을 때로, 32세라는 젊은 나이에 생을 마감했다. 그가 죽은 후 20년 이상 전쟁이 지속되면서 안티고노스 왕조(마케도니아), 셀레우코스 왕조(시리아), 프톨레마이오스 왕조(이집트) 등으로 분열되었다.

알렉산더 대왕의 동방 원정과 융합 정책을 통해 그리스 문명이 동방에 전파되었고, 독자적인 헬레니즘 문명이 번영할 수 있었다. 헬레니즘 문명은 알렉산더 대왕의 제국을 넘어서 큰 영향을 미쳤다. 동방과 인도 주변에서 헬레니즘 문화의 영향을 받은 불교 미술인 간다라 미술이 꽃을 피우기 시작했다. 알렉산더 대왕의 동방 원정을 시작으로 프톨레마이오스 왕조가 멸망하기까지의 약 300년간을 헬레니즘 시대라 부른다.

04

한니발이 지중해가 아닌 알프스를 넘어 로마로 진출한 이유는?

: 로마 제국의 흥망성쇠 :

지리에 관한 수수께끼

로마를 향해 코끼리를 타고 알프스를 넘어간 한니발

기원전 3세기, 로마는 이탈리아반도를 통일하고 지중해로 세력을 뻗어 나가기 시작했다. 카르타고의 장군 한니발은 로마를 특히 두려워했다. 한니발은 로마로 가는 지름길인 지중해를 건너는 대신, 4만 명의 병사와 37마리의 코끼리를 이끌고 알프스산맥을 넘어가 로마를 침공했다.

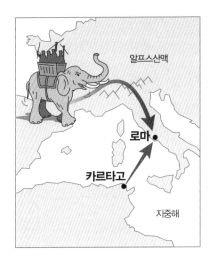

기원전 216년, 한니발은 칸나에 전투에서 훨씬 많은 병력을 가진 로마 군을 마음대로 조종하는 등 군사적 재능을 유감없이 발휘했다. 이처럼 유능했던 한니발은 왜 알프스를 넘어 로마로 들어간 것일까? 카르타고에서 지중해를 건너면 로마에 쉽게 도착할 수 있는데도 말이다.

이유는 다음과 같다. 로마 군의 예상을 뒤집고자 했던 점, 이탈리아반도 주변 섬들은 이미 로마 지배하에 있었다는 점 등이다. 무엇보다도 가장 큰 이유는 개전 당시 한니발이 조국 카르타고에 없었기 때문이다. 그는 어렸을 적에 카르타고의 영향권 아래 있던 스페인으로 건너가 카르타고의 세력 확장에 주력했다. 스페인의 바르셀로나는 한니발의 아버지인 하밀카르 바르카스의 이름에서 유래한 지명이기도 하다. 이러한 배경에서 한니발은 스페인을 출발하여 육지를 통해 로마로 침공하는 방법을 선택한 것이다.

세계사의 전개

로마는 하루아침에 이루어지지 않았다
: 지중해 제국으로의 길

일찍이 지중해 무역을 독점해 온 페니키아인이 건설한 뉴타운 카르타고는 개발이 더디던 서지중해를 독점적으로 지배했다. 한편 기원전 3세기경 이탈리아반도를 통일한 로마는 그리스 상인과 연합하여 지중해의 패권을 장악하기 위해 카르타고와 싸우게 된다(포에니 전쟁).

로마는 제1차 포에니 전쟁에서 가까스로 승리하여 시칠리아섬을 손에 넣었다. 이어 일어난 제2차 포에니 전쟁에서는 한니발의 맹공격을 두려워했지만, 한니발을 아프리카 대륙으로 보내 버리는 작전으로 가까스로 승리를 거두었다. 한니발이 죽고 난 후 일어난 제3차 포에니 전쟁에서 로마는 카르타고를 멸망시키고 지중해의 패권을 장악한 대국으로 변화했다.

그 후 카이사르가 현재 프랑스에 해당하는 갈리아 지방을 정복하는 등 세력을 확장시켜 나갔다. 그러다 카이사르가 암살당해 생을 달리하자, 프톨레마이오스 왕조의 여왕 클레오파트라와 연합한 안토니우스와 카이사르의 양자 옥타비아누스 간의 전쟁이 시작되었다. 옥타비아누스의 승리로 끝난 전쟁에서 패배한 안토니우스와 클레오파트라는 자해하여 생을 마감했다. 이후 프톨레마이오스 왕조의 이집트는 로마의 속주가 되었고, 약 300년간 계속된 헬레니즘 시대도 끝을 맞이했다.

전쟁에서 승리한 옥타비아누스는 존엄자라는 뜻의 '아우구스투스' 칭호를 부여받아 기원전 27년에 실질적인 황제의 위치에 올랐다. 이후 약 200년간 지속된 큰 번영을 누린 로마 제국 시대를 '팍스 로마나(로마의 평화)'라고 부른다.

모든 길은 로마로 통한다 : 로마의 번영

기원 전후 바다의 제국 로마는 큰 성장을 이루었다. '모든 길은 로마로 통한다'라고 할 정도로 도로망이 잘 구축되었다. 수도, 목욕탕, 콜로세움, 판테온 신전 등 대규모 토목 공사를 통해 사회 인프라도 정비했다. 당시 로마에는 100만 명 이상의 사람들이 거주했다. 특히 5현제라 불리는 황제들의 시대(96~180)가 최고 번영기였다. 그중에서도 트라야누스 황제 시대에 로마 제국의 영토는 최대에 달해 지중해를 둘러싸는 대제국이 되었다.

그러나 영원할 것만 같았던 로마에도 서서히 멸망의 서곡이 울리기 시작했다. 5현제 시대가 끝날 무렵 재정적 어려움에 부딪혔다. 군대에 의해 옹립된 황제가 즉위 후 암살당하는 등 불안정한 정치 사태가 계속되었다.

한편 팍스 로마나라고 불렸던 시기에 세계사적으로 중요한 사건이 일어난다. 크리스트교의 성장이다.

● 로마는 지중해를 중심으로 발전했다.

제1회 포에니 전쟁 전 로마의 세력도
트라야누스 황제 시대의 영토
디오클레티아누스 황제 시대의 4분 통치제 경계선
395년 동서 분열의 경계선

브리타니아
북해
발트해
런디니움 (런던)
루테티아(파리)
게르마니아
대서양
갈리아
빈드보나(빈)
마실리아 (마르세유)
이탈리아
로마
이스파니아
사군툼
폼페이
다키아
도나우강
흑해
비잔티움
니케아
아르메니아
카스피해
카르타고
시칠리아
아테네
코린트
에페수스
파르티아
지중해
크리스트교 탄생
메소포타미아
이집트
알렉산드리아
다마스쿠스
예루살렘

　로마의 지배하에 있었던 팔레스타인에서 신의 절대애와 이웃 사랑을 주장했던 예수는 예루살렘 골고다 언덕에서 십자가형에 처해진다. 기원후 30년경에 일어난 일이다. 이후 제자들 사이에서 예수의 가르침과 부활을 함께하는 크리스트교가 탄생한다.

　크리스트교는 로마로부터 박해를 받는 시기도 짧게 있었지만, 313년에 콘스탄티누스 황제에 의해 공인을 받는다. 황제는 모든 종교와 신앙의 자유를 인정하는 것으로 제국의 통일을 강화하고자 했다.

왜 중앙아시아에는 '~스탄'이라는 지명이 많을까?

: 페르시아계 국가의 부흥 :

지명에 관한 수수께끼

'~스탄'이라는 지명과 페르시아 제국의 관계

세계 지도를 보고 있으면 유라시아 대륙의 한가운데인 중앙 아시아에 '~스탄'이라는 이름을 가진 국가가 유독 많은 것을 발견할 수 있다. '~스탄'이라는 이름의 국가가 너무 많아서 일전에 카자흐스탄 대통령은 국명에서 '스탄'을 뺄까 고려했을 정도이다. 일례로 카자흐스탄의 남동쪽에 있는 키르기스스탄도

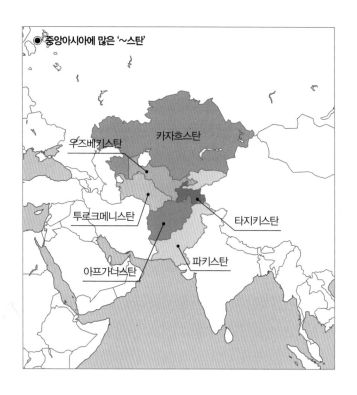

● 중앙아시아에 많은 '~스탄'

우즈베키스탄

카자흐스탄

투르크메니스탄

타지키스탄

아프가니스탄

파키스탄

1993년에 '스탄'을 뺀 키르기스로 국명을 변경했다.

그렇다면 나라 이름에 '~스탄'이 많은 이유는 무엇일까? '스탄'은 페르시아어계의 지명 접미어로 '~의 나라, ~의 지방'이라는 의미이다. 3세기에 건국된 사산 왕조(페르시아)가 '~의 지방'이라는 행정 용어로 '스탄'을 사용하면서 널리 보급되었다고 한다.

'~스탄' 나라들이 현재의 이름으로 정해지기까지는 우여곡

절이 많았다. 오래된 지명인 '카자흐스탄'은 소비에트 연방에 합병되었던 당시에는 '스탄'을 빼고 '카자흐 공화국'이라고 불렸고, 소련 붕괴 즈음에는 다시 카자흐스탄으로 이름을 바꾸었다. 21세기 현재에도 또다시 국명 변경 이야기가 나오고 있다.

세계사의 전개

로마를 괴롭혔던 파르티안 샷

알렉산더 대왕이 죽은 후 마케도니아 제국은 3개로 분열되었다. 서아시아와 중앙아시아 지역은 그리스계인 셀레우코스 왕조의 영역이 되었다. 기원전 255년경, 그리스계 주민이 중앙아시아에서 독립하여 박트리아라는 나라를 세운다. 이러한 움직임에 자극을 받은 페르시아계(이란계) 사람 아르사케스는 이란계 유목민을 이끌고 서아시아에 진출하여 파르티아를 건국한다.

기원전 3세기, 서아시아와 중앙아시아에는 셀레우코스 왕조 시리아, 박트리아, 파르티아 3개의 국가가 존재하고 있었다. 그중에서도 가장 큰 번영을 이루었으며 최후까지 살아남은 국가는 페르시아계인 파르티아였다.

파르티아는 국경이 맞닿아 있는 로마 대국과 종종 대립하기

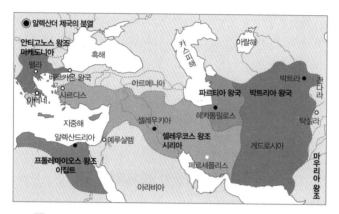

 3개의 알렉산더 제국 중 아시아를 지배한 셀레우코스 왕조로부터
박트리아, 파르티아 두 왕국이 독립했다.

도 하였다. 파르티아 군이 자랑하는 경장기병輕裝騎兵은 말을 탄 상태에서 뒤를 돌아보며 활을 쏘는 기동적인 공격으로 로마 군을 괴롭혔다. 파르티아 군만의 이 필살 기술을 '파르티안 샷Parthian Shot'이라 부른다.

이란 문명을 부흥시킨 사산 왕조

사산 왕조는 기원후 226년에 파르티아를 멸망시키고 영토를 지배하게 된다. 사산 왕조도 마찬가지로 페르시아계 국가였지만, 파르티아가 유목 민족의 나라였던 것과 달리 경작을 하는 등 정착 민족의 나라였다. 로마 제국(동로마)과 기마 유목 민족인 에프탈족과의 지속적인 분쟁에도 불구하고 사산 왕조는 7세기 중반까지 건재했다. 쇠퇴기에 있었던 로마 제국을 압박

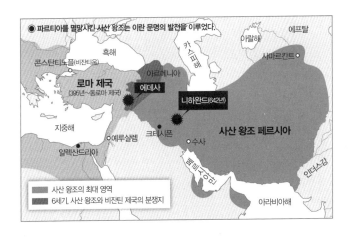

● 파르티아를 멸망시킨 사산 왕조는 이란 문명의 발전을 이루었다.

사산 왕조의 최대 영역
6세기, 사산 왕조와 비잔틴 제국의 분쟁지

했던 사산 왕조 시대는 이란 문명의 제2 번영기라 할 수 있다.

종교 면에서는 기원전 7세기경에 생겨난 조로아스터교가 국교로 지정되어 조로아스터교 경전인 《아베스타》가 편찬되었다. 그 외에도 조로아스터교에 크리스트교와 불교의 요소가 융합된 마니교가 생겨난 것도 이 시대였다.

한편 은과 유리로 된 식기와 직물 등 세공 미술과 공예품이 만들어졌고, 미술품들은 실크로드를 따라 중국과 한국, 일본에 전해졌다. 우리나라에서도 페르시아 풍의 물병과 유리그릇 등 아름다운 공예품이 유물로 발굴되었다. 멀리 사산 왕조의 문화가 우리나라까지 전해져 온 것이다.

소동파가 〈적벽부赤壁賦〉를 읊은 장소는 적벽대전이 일어난 곳이 아니라고?

: 중국 왕조의 변천 :

지도에 관한 수수께끼

《삼국지》의 격전지였던 '적벽'은 어디일까?

중국은 후한이 멸망한 후 위, 촉, 오 3국으로 분열되어 패권을 경쟁하는 삼국 시대로 들어선다. 삼국 시대를 배경으로 한 《삼국지》는 소설, 영화, 게임의 주제가 될 정도로 우리에게 친숙하다.

적벽대전은 삼국 시대에 세력을 장악했던 조조가 유비와

손권의 연합군에 패배하고 삼국 분립에 이르기까지 큰 영향을 주었다. 오우삼 감독의 영화 〈적벽대전〉의 모티브가 된 것으로도 유명하다.

적벽대전이 일어난 후 800년이 지난 어느 날 그곳으로 한 명의 문인이 찾아왔다. 북송의 시인 소동파였다. 그는 장강에 배를 띄우고 시를 읊었는데, 이것이 바로 그 유명한 〈적벽부〉이다. 소동파는 '이곳은 조조가 주유에게 곤욕을 치른 곳이 아닙니까'라고 조조의 힘든 싸움에 대해 생각했다.

사실 소동파가 멋진 시를 읊었던 곳은 실제로 적벽대전이 일

어난 장소가 아니었다. 적벽대전이 일어난 곳은 중국 호북성 적벽시의 서쪽으로, 바위에 '적벽赤壁'이라는 글이 새겨진 인상적인 장소이다. 반면 소동파가 〈적벽부〉를 읊었다는 장소는 호북성 황강현에 있는 곳이며, 실제 전쟁터와는 상당히 떨어져 있다.

아마도 소동파가 잘못 알고 있었다거나, 멀리 떨어져 있다는 사실을 이미 알고 있었다는 등의 설이 있다. 현재 두 장소는 각각 '무武 적벽', '문文 적벽'이라 불리며 관광지가 되었다.

세계사의 전개

태고부터 반복되어 온 중국 왕조의 흥망성쇠

중국 최초의 왕조는 전설상의 '하' 왕조이다. 하 왕조가 실재했다는 설이 유력하지만, 현재 존재가 확인된 가장 오래된 왕조는 기원전 16세기에 시작된 '은' 왕조이다. 은 왕조는 기원전 11세기경 '주' 왕조에 의해 멸망당한다. 주 왕조 역시 주변 민족들과의 전쟁으로 국력이 쇠약해졌고, 기원전 8세기경부터는 몇 개의 소국이 패권을 다투는 춘추 전국 시대가 도래했다.

춘추 전국 시대에는 새로운 질서와 재건 등을 논하는 다양한 사상가들이 활약했다. 유가의 선조인 공자와 그의 가르침을 계승한 맹자와 순자, 도가의 선조로 불리는 노자와 장자, 병

법으로 유명한 손자 등이다.

제자백가라고 불리는 그들의 사상과 학문은 《논어》 등으로 정리되어 아직도 중국뿐만 아니라 전 세계적으로 큰 영향을 미치고 있다. 오월동주, 와신상담, 과유불급 같은 사자성어가 춘추 전국 시대에 생겨나 현재에도 사용되는 말들 중 하나이다.

혼란의 시대는 기원전 221년에 세워진 중국 최초의 통일 국

● 점차 확대되는 고대 중국 왕조의 지배 영역

가 '진'에 의해 마무리된다. 진의 1대 왕은 그때까지의 왕을 대신하여 신에 필적할 만한 절대적 지배자라는 의미로 '황제'라는 칭호를 사용하여 '시황제'라 불렸다.

이후 중국은 신에게서 신탁받은 황제가 전권을 쥐고 국민을 일방적으로 지배하는 제국의 역사가 반복되었다. 오랜 혼란을 거쳐 중국을 통일한 진 왕조의 이름은 현재까지도 전해지고 있다. 중국의 영문명 '차이나China'와 일본에서 중국을 일컫는 오래된 명칭인 '지나支那'는 진 왕조에서 유래했다.

한나라의 멸망에서 삼국 시대로

강한 권력을 자랑했던 진나라는 시황제 사후에 백성들에게 과중한 부담을 강요한 결과 통일 후 15년 만에 멸망한다. 진이 항복하자 라이벌이었던 항우와의 전쟁에서 승리한 유방이 중국을 통일했다. 그는 고조의 제위에 올라 '한' 왕조를 일으킨다.

한 왕조는 잠시 다른 왕조로 대체된 시기가 있었지만, 기원전 202년부터 400여 년에 걸쳐 지속되었다. 또한 중국의 민족을 칭하는 이름과 한자의 명칭으로 한이라는 이름을 남기고 있다.

종교 결사가 중심이 된 농민 반란과 황건적의 난으로 크게 동요한 한 왕조는 220년에 멸망한다. 군웅할거의 시대를 거쳐 조조, 유비, 손권이 각각 '위', '촉', '오'를 건국함에 따라 삼국 시대가 시작되었다. 그 후 명성이 높았던 전략가 제갈량이 죽고

촉나라가 멸망하자, 위나라의 장군 사마염이 '진'을 건국했다. 진나라는 후에 오나라를 멸망시키고 천하를 통일한다. 결국《삼국지》의 세계를 수놓았던 삼국은 중국을 통일하지는 못했다.

280년에 오나라를 멸망시키고 중국의 통일을 이루어 낸 진나라는 고작 30여 년 만에 유목 민족에 의해 사라지게 된다. 왕의 일족이 동진을 건국하지만, 중국을 통일하지는 못했다. 황하강 유역에는 유목민이 할거했고, 한족은 강의 남쪽이나 한반도, 일본 열도로 대거 이주하는 대혼란의 시대로 들어갔다.

과연 홍해紅海는 붉고, 흑해黑海는 검을까?

육지에도 이름이 있듯이 바다에도 이름이 있다. 바다 이름 중에서도 홍해와 흑해에는 의문이 생긴다. 정말로 바다의 색이 붉을까? 혹은 검을까? 사실 홍해도, 흑해도 색은 다른 바다와 마찬가지로 파랗다.

홍해는 바다 주변이 사막으로 둘러싸여 있다. 사막의 붉은 모래 때문에 붉은 사막에 둘러싸인 바다라는 홍해로 이름 붙여졌다고 한다. 흑해는 그곳을 방문한 페르시아인이 페르시아만과 비교해 검은색이라는 인상을 받아 '검은 바다'라는 이름이 붙은 것이다.

한편 '7개의 바다'라는 말이 있다. 《정글 북》의 저자인 러디어드 키플링이 쓴 시에 등장한다. '지중해, 흑해, 아드리아해, 카스피해, 홍해, 페르시아만, 아라비아해' 7개의 바다를 가리킨다. 현대를 살아가는 입장에서는 상상조차 불가능한 편중된 선택이다.

제2장

고대 제국의
멸망과 유럽,
아시아의 재편

07

독일을 'Germany'라고 하는 이유는?

: 게르만인의 대이동 :

지명에 관한 수수께끼

독일 국명에 남아 있는 역사의 흔적

아메리카-America, 캐나다-Canada, 프랑스-France, 이탈리아-Italy, 인도-India, 러시아-Russia 등에서 알 수 있듯이 일본어와 영어의 국가 이름은 비슷하다. 반면 '도이츠*-Germany'처

---

*독일을 칭하는 일본어

Germans
전사

럼 차이가 큰 국가 이
름도 존재한다. '중화
인민공화국과 China'
도 역시 차이가 크다.
　헝가리는자국을'머
저로르사그Magyarors
zág'라고 부른다고 한
다. 헝가리 사람들은
설마 일본에서 '헝가

리'라고 부를 것이라고 생각이나 했을까. 마찬가지로 중국어 '리
벤Rìběn'이 '일본'을 뜻하는 말인지 곧바로 알아차리지 못하는
일본인들이 더 많을 것이다.

　독일인들은 자신의 나라를 '도이칠란트Deutschland'라고 부
른다. 일본어의 '도이츠'가 Germany보다 가까운 이유이다. 영
어의 Germany는 '게르만인Germans'에서 유래한 단어로, 원래
는 '이방인, 전사'라는 의미를 가진다. 600년 전의 역사가 현
재의 이러한 부분에 남아 있다는 것을 알려 주는 인상적인 나
라 이름이다.

세계사의 전개

유럽으로 이주한 '숲의 백성'

지중해 연안 북쪽의 알프스 대능선을 넘어 동서로 퍼져 나가는 지역에서 볼 수 있는 유럽의 풍경은 '숲'이다. 이 지역에 사는 사람들은 숲의 은혜를 입으며 숲에서 살고, 숲을 두려워하며 생활해 왔다. 그런 이유인지 《잠자는 숲 속의 공주》, 《빨간 망토》 등 숲을 무대로 하는 유럽 동화들이 많다. '아돌프', '루돌프' 등 늑대에서 유래된 이름도 어렵지 않게 발견할 수 있다.

산림 지대의 서쪽, 지금의 프랑스 주변에는 켈트인들이 살고 있었다. 로마인들은 해당 지역을 '갈리아'라고 불렀고, 그곳에 사는 사람들을 '갈리아인'이라고 했다. 켈트인은 카이사르의 원정으로 인해 로마 제국의 지배하에 들어갔다.

산림 지대의 동쪽에서는 발트해 연안을 근거지로 하는 게르만인이 점차 세력을 확장해 나갔다. 로마 제국과 국경이 인접하여 때때로 전투가 일어나기도 했으며, 용병이나 소작인이 되어 로마 제국으로 이주하는 게르만인도 있었다고 한다.

게르만인의 대이동과 유럽

유럽의 산림 지대는 일정하지 않았다. 동쪽과 북쪽으로 갈수록 대기는 건조했고, 기후는 냉랭했다. 따라서 유럽 민족의 이동은 북동쪽에서 서남쪽 방향으로 대략 진행되었다.

기원전 4세기 후반, 흑해의 북쪽 연안에서 훈족이라 불리는 아시아계 기마 유목민이 침입해 왔다. 어떠한 민족인지 상세히 밝혀진 바는 없지만, 중국 북방을 위협하고 역대 왕조가 '만리장성'을 쌓아 방어하게 만들었던 흉노족의 일부라는 설이 있다.

훈족의 압박을 받은 동고트족, 서고트족, 프랑크족, 앵글로색슨족 등 게르만 유목 민족들은 서남쪽으로 이동하여 로마

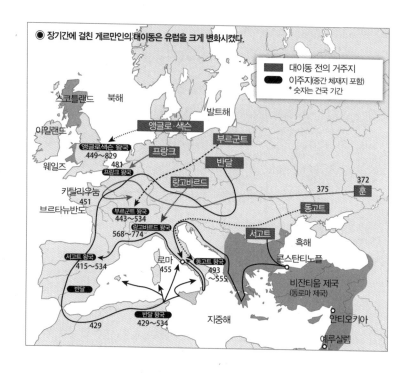

● 장기간에 걸친 게르만인의 대이동은 유럽을 크게 변화시켰다.

대이동 전의 거주지
이주지(중간 체재지 포함)
* 숫자는 건국 기간

스코틀랜드　북해
아일랜드
웨일스
발트해
앵글로·색슨
앵글로색슨 왕국
449~829
481
프랑크 왕국
프랑크
부르군트
반달
랑고바르드
372 훈
375
동고트
카탈라우눔 451
브르타뉴반도
부르군트 왕국
443~534
랑고바르드 왕국
568~774
서고트
흑해
콘스탄티노플
서고트 왕국
415~534
로마 455
동고트 왕국
493~555
비잔티움 제국
(동로마 제국)
반달
반달 429
429~534
지중해
안티오키아
예루살렘

제국 영내로 이주한다. 이러한 게르만인의 대이동은 약 200년에 걸쳐 계속되었다.

앞서 살펴본 것처럼 세력이 약해져 가던 로마 제국은 게르만인의 대이동이 더해져 혼란의 양상을 보이게 된다. 게르만인의 이동이 시작되고 20년이 지난 395년, 로마 황제 테오도시우스는 제국을 동서로 양분하여 2명의 자식들에게 나눠 주었다. 로마 제국 분열의 결정적 계기였다. 콘스탄티노플을 수도로 하는 동로마 제국(비잔틴 제국)과 로마를 수도로 하는 서로마 제국으로 나뉘게 된 것이다.

동로마, 서로마 제국 중 게르만 민족의 대이동에 큰 영향을 받은 쪽은 서로마 제국이다. 혼란의 소용돌이에 있던 서로마 제국에 일침을 가한 사람이 있었다. 용병 대장으로 로마 제국 내에서 중요한 위치에 섰던 게르만 사람 오도아케르였다.

이탈리아의 토지를 요구하는 게르만인 용병들로부터 추대를 받은 오도아케르는 로마 황제를 추방하고 서로마 제국을 멸망시켰다. 게르만인의 대이동이 시작되고 약 100년 후인 476년에 일어난 일이다. 유럽은 게르만인들에 의해 변화가 나타났고, 그들은 각지에 왕국을 건설해 나갔다.

08

프랑스인은 창을 잘 던질까?

: 프랑크 왕국의 발전 :

지명에 관한 수수께끼

'송아지', '평온한 항구' : 국가 이름의 다양한 유래

지명과 국명의 유래를 들으면 '역시 그렇군', 혹은 '설마?'라는 반응을 보이곤 한다. 탐험가나 권력자의 이름을 따서 만들어진 국명은 비교적 쉽게 납득이 간다. 그 예로 '필리핀'을 들수 있다. 필리핀섬을 방문한 스페인 사람이 자국의 황태자 '펠리페'의 이름을 따서 만들었다고 한다. 또한 지형이 유래가 된

나라 이름(예를 들어 '평화로운 항구'를 의미하는 '포르투갈')도 비교적 쉽게 이미지가 떠오른다.

한편 '이탈리아'처럼 '송아지'를 어원으로 하는 놀라운 국명들도 있다. 이탈리아에 소를 키우는 유목민이 많았기 때문에 그런 이름이 붙여졌다는 것을 알면 그제야 납득이 가기는 한다.

그렇다면 '프랑스'라는 이름은 어떻게 생겨났을까? 그 어원은 '창던지기'이다. 프랑스라는 국명은 유럽에 넓게 세력을 뻗쳤던 '프랑크 왕국'에서부터 이어져 온 이름이다. 원래 의미는 프랑크 왕국을 만든 프랑크족이 창을 주력 무기로 했던 것에서 유래되었다고 한다. 이처럼 나라 이름에도 여러 전투를 겪으며 세력을 넓혀 간 게르만 민족의 역사가 새겨져 있다.

세계사의 전개

수명이 짧았던 게르만 국가

대이동으로 도착한 유럽에서 게르만인들은 몇 개의 소국가를 건설했으나, 오래가지는 않았다. 과거 카르타고가 있었던 지역인 북아프리카 튀니지에 세운 반달 왕국은 534년 비잔틴 제국(동로마 제국)에 의해 멸망당했다. 이탈리아에 건국한 동고트 왕국 역시 비잔틴 제국의 공격을 받아 역사가 끝이 났다.

현재 프랑스의 동남부에 위치했던 부르군트 왕국은 게르만인의 프랑크 왕국에 의해 사라졌다. 프랑스 남서부의 툴루즈에 수도를 두었던 서고트 왕국은 프랑크 왕국에 패배한 후에 피레네산맥을 넘어 이베리아반도로 거점을 옮겼다. 568년 북이탈리아에 건국된 랑고바르드 왕국은 8세기 후반까지 건재하였지만, 역시 프랑크 왕국에 의해 무너졌다.

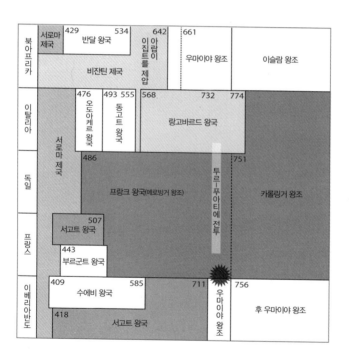

많은 게르만 국가들이 생겨나고 사라지는 동안 창던지기를 잘하는 프랑크족의 국가 '프랑크 왕국'은 유럽에서의 초석을 다져 나갔다.

프랑크 왕국과 크리스트교

로마 제국 국경에 프랑크 왕국(메로빙거 왕조)을 건국한 사람은 클로비스이다. 그가 태어났을 때는 프랑크족이 몇 개의 혈족으로 나뉘어 있었다. 한 가문의 왕자로 태어난 클로비스는 왕위에 오르자 프랑크족의 통일을 목표로 원정 활동을 전개하여 야망을 달성했다. 481년의 일로, 그는 아직 10대 후반의 젊은이였다. 그 후 그는 서고트 왕국을 이베리아반도로 몰아내는 등 프랑크 왕국의 번영을 위해 노력했다.

클로비스는 통일된 프랑크 왕국의 안정을 위해 중대한 결정을 내린다. 크리스트교로의 개종, 심지어 로마 교회가 정통으로 여기는 아타나시우스파로 개종한다. 이단으로 여겼던 아리우스파 크리스트교를 다른 게르만 민족들이 신앙으로 삼고 있었지만, 클로비스의 결단으로 프랑크 왕국은 과거 로마인을 내부로 거두는 데 성공한다.

서로마 제국은 쇠퇴의 길을 걷고 있었으나, 로마 교회는 크리스트교의 중심으로 존속하고 있었다. 비잔틴 제국(동로마 제국)의 콘스탄티노플 교회가 비잔틴 황제와 깊은 관계를 맺고

● 프랑크 왕국의 성장이 현저했던 6세기 유럽

발트족

슬라브족

프랑크 왕국

게피드 왕국

랑고바르드 왕국

서고트 왕국

비잔틴(동로마) 제국

사산 왕조 페르시아

가산 왕조

있었던 것에 반해, 로마 교회는 서로마 제국이라는 정치적 보
호자를 잃고 말았다. 그리하여 서로마 제국이 멸망하자 로마
교회는 게르만 민족에 대한 포교를 진행한다. 그러던 중 클로
비스의 결단을 계기로 프랑크 왕국과 로마 교회는 관계가 깊
어졌고, 정치적으로도 종교적으로도 동로마 제국과 어깨를 나
란히 하는 세력으로 성장해 갔다.

09

나폴레옹은 이베리아반도가 아프리카라고 생각했다는데?

: 이슬람 제국과 프랑크 왕국 :

지도에 관한 수수께끼

독특한 문화가 꽃피웠던 이베리아반도

프랑스의 영웅 나폴레옹은 '피레네산맥의 건너편은 아프리카다'라고 말했다고 한다. 프랑스에서 본 피레네산맥의 건너편은 스페인과 포르투갈이 있는 이베리아반도이다. 물론 나폴레옹이 지리에 관한 지식이 없었을 리는 없다. 아무래도 나폴레옹은 2,000~3,000m 높이의 산맥을 사이에 두고 생겨난 서

유럽 지역의 이질적인 문화를 이야기한 듯하다.

기원 전후부터 약 200년간 팍스 로마나로 불리던 시대에는 이베리아반도와 프랑스 지방 모두 로마 제국의 지배하에 있었다. 게르만인의 대이동으로 서로마 제국이 멸망하자 서유럽의 많은 땅은 프랑크 왕국의 영토가 되었다. 그에 반해 이베리아반도는 약 300년에 걸쳐 서고트 왕국이 지배했다. 서고트 왕국이 이슬람 세력에 의해 멸망하면서 이후 오랜 기간 동안 이슬람 세력이 지배하게 되었다. 그리하여 이베리아반도는 더욱더 독특한 문화를 형성하였다.

세계사의 전개

이슬람교의 탄생과 이슬람 세력의 성장

상업 도시로 번성하였던 아라비아반도의 메카라는 도시에 마호메트라는 상인이 있었다. 610년 어느 날 밤 마호메트는 대천사 가브리엘을 통해 유일신 알라의 계시를 받은 사도라 자칭하며 이슬람교를 창시했다. 당시 마호메트는 40세 전후였다.

당시 우상을 숭배하는 다신교 신자가 많았던 메카에는 상인이 많았다. 상인들은 부의 독점을 비판하는 이슬람교를 받아들이지 않았다. 박해를 받던 마호메트는 메디나(야스리브)로 이주하여 그곳을 기점으로 교단을 발전시켰다. 메디나로 이주하고 8년이 흐른 후 마호메트는 고향 메카로 무혈입성한다. 아랍의 여러 부족들이 마호메트의 지배하에 들어가면서 서서히 아라비아반도는 통일되었다.

632년 마호메트가 서거하자 후계자를 뜻하는 칼리프가 선출되었다. 이슬람 세력은 마호메트의 뜻을 이어받아 '지하드聖戰'라 불리는 정복 활동을 펼쳐 나갔는데, 그 힘이 실로 압도적이었다. 636년 비잔틴 제국과의 전쟁에서 승리하여 시리아를 손에 넣었으며, 다음 해에는 사산 왕조와의 전쟁에서도 승리를 거둔다. 사산 왕조는 이슬람 세력에 의해 651년에 멸망한다. 642년에는 비잔틴 제국과의 전쟁에서 승리하여 이집트를 지배한다. 모든 것들이 마호메트가 죽은 후 10년 사이에 일어났다.

정통 칼리프라 불리던 4대 칼리프의 시대가 끝나자, 시리아 총독 무아위야는 메디나에서 시리아의 다마스쿠스로 수도를 옮기고 우마이야 왕조를 건국한다. 우마이야 왕조는 이베리아 반도의 서고트 왕국을 멸망시키고 동서로 영역을 넓혀 나갔다. 육지의 제국과 바다의 제국이 이슬람 제국으로 통합된 것이다.

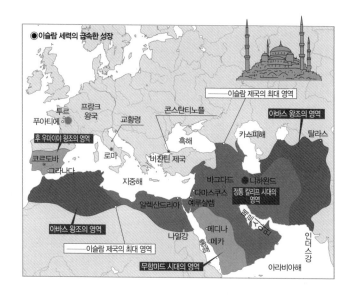

●이슬람 세력의 급속한 성장

이슬람 제국의 최대 영역
후 우마이야 왕조의 영역
아바스 왕조의 영역
정통 칼리프 시대의 영역
무함마드 시대의 영역
이슬람 제국의 최대 영역
아바스 왕조의 영역

투르
푸아티에
프랑크 왕국
교황령
콘스탄티노플
흑해
비잔틴 제국
카스피해
탈라스
코르도바
그라나다
로마
지중해
바그다드
니하완드
다마스쿠스
예루살렘
알렉산드리아
나일강
메디나
메카
인더스강
홍해
아라비아해

프랑크 왕국과 아바스 왕조의 발전

파죽지세로 몰아쳤던 이슬람 세력은 732년 투르-푸아티에 전투에서 프랑크 왕국에 패한다. 이슬람의 유럽 진출을 중단 시킨 프랑크 왕국의 궁재 카를 마르텔의 명성은 높아졌고, 그의 아들 피핀이 왕위에 오르게 된다.

손자 카롤루스(샤를마뉴) 대제는 랑고바르드 왕국을 멸망시 키는 등 왕국의 발전에 크게 기여했다. 800년 크리스마스에는 로마 교황으로부터 제관을 받아 서로마 제국의 부활을 널리 알렸다. 이로써 프랑크 왕국은 이슬람 침공으로 약해진 비잔 틴 제국에 대항하는 세력으로 변모하게 된다.

한편 우마이야 왕조는 아랍인은 우대하지만 정복지 주민에게는 무거운 세금을 매기는 정책을 취했다. 모든 신자는 평등해야 한다는 이슬람교 경전 《코란》의 가르침을 거역한다는 비판을 받은 정책이었다. 우마이야 왕조에 대한 불만으로 반란이 일어났고, 750년에 마호메트의 숙부 아바스의 자손을 칼리프로 하는 아바스 왕조가 세워진다.

인구 150만의 바그다드에 새로운 수도를 건설한 아바스 왕조는 정치적, 문화적으로 번영했다. 그리스어 문헌이 아라비아어로 번역되었고, 인도로부터 십진법 '0'의 개념이 전해졌다. 중국으로부터 제지법도 들여오는 등 여러 국가의 지식들이 유입되어 이슬람 문명은 최고의 번영기로 들어섰다.

이베리아반도로 도주한 우마이야 일족은 후 우마이야 왕조를 세웠다. 이러한 과정을 거쳐 이베리아반도는 다른 서구 지역과의 차이가 뚜렷한 문명을 형성하였다.

10

독일 주변에 '~부르크'라는 지명이 많은 이유는?

: 프랑크 왕국의 분열 :

지명에 관한 수수께끼

작은 성들로 이루어진 독일

지도를 보다 보면 독일 주변에 '~부르크burg'라는 지명을 많이 발견하게 된다. 함부르크, 브란덴부르크, 아우크스부르크, 룩셈부르크, 마그데부르크 등 너무 많아서 일일이 나열할 수도 없다. 왜 이렇게 많은 '~부르크'가 존재하는 것일까? '부르크'라는 지명에 숨겨진 의미는 무엇일까?

'부르크'에는 '성채城砦 도시'라는 의미가 있다고 한다. '성을 중심으로 발달한 마을'과 비슷한 뜻이다. 로맨틱 가도의 종점인 퓌센의 노이슈반슈타인 성으로 대표되는 아름다운 성이 독일에는 많이 있다. 과거에는 성에 영주가 살면서 주변 지역을 다스렸다. 제후의 성곽과 수도원을 중심으로 발전한 성채 도시의 자취가 '~부르크'라는 지명이 된 것이다.

● 독일에는 '~부르크'라는 지명이 많다.

함부르크

올덴부르크

볼프스부르크

브란덴부르크

뒤스부르크

마그데부르크

베른부르크

독일

메르제부르크

룩셈부르크

마르부르크

아샤펜부르크

뷔르츠부르크

레겐스부르크

아우크스부르크

프라이부르크

라벤스부르크

역으로 '~부르크'라는 지명과 성이 많다는 것은 그만큼 독일에 많은 영주가 존재했었다는 증거이다. 다른 유럽 국가에서도 비슷한 경향이 나타난다. 프랑스의 '~부르', 영국의 '~바라, ~베리', 러시아의 '~그라드'도 '~부르크'와 비슷한 지명 접미사이다.

세계사의 전개

프랑크 왕국의 분열

로마 제국의 분열 이후 프랑크 왕국은 서유럽에서 강한 세력을 드러냈다. 특히 카롤루스 대제가 영토를 넓히고 로마 교황으로부터 제관을 받은 후에는 마치 서로마 제국이 부활한 듯했다. 그러나 영광은 길게 지속되지 못했다.

카롤루스 대제의 뒤를 이은 루트비히 1세는 아버지에 버금가는 기량을 지니지 못했다. 더구나 즉위하고 곧 자식들에게 왕국을 상속하여 큰 분란을 일으켰다. 여러 자식들에게 분할 상속하였는데, 처음에는 잘되어 가는 시도로 보였다. 하지만 루트비히 1세 자신이 혼란의 씨앗을 뿌렸다.

823년 루트비히 1세와 재혼한 상대에게서 새로운 자식이 태어났다. 막내에게도 영토를 나눠 주고 싶었던 부모의 마음이 문제를 복잡하게 만들었다. 당연히 재분할을 거부한 자식들이 반

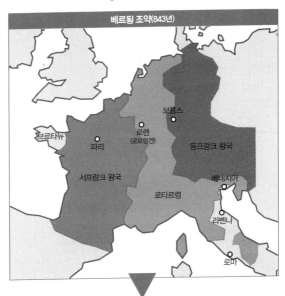

베르됭 조약(843년)

브르타뉴

파리

로렌
(로트링겐)

보름스

동프랑크 왕국

서프랑크 왕국

로타르령

베네치아

라벤나

로마

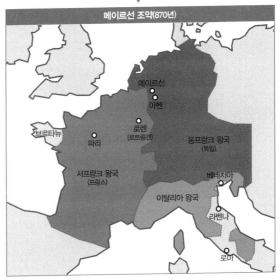

메이르선 조약(870년)

메이르선

아헨

브르타뉴

파리

로렌
(로트링겐)

동프랑크 왕국
(독일)

서프랑크 왕국
(프랑스)

이탈리아 왕국

베네치아

라벤나

로마

란을 일으켜 부모와 자식, 형제간에 격렬한 대립이 있었다. 그 결과 루트비히 1세가 죽은 후 843년에 베르됭조약을 맺어 프랑크 왕국을 동프랑크, 서프랑크, 중프랑크 셋으로 나눴다. 그럼에도 반란은 진압되지 못했고, 870년에 다시 메이르선 조약이 체결되었다. 현재의 국경에 가까운 형태인 서프랑크 왕국(프랑스), 이탈리아, 동프랑크 왕국(독일) 3개국으로 분리된 것이다.

카롤링거 왕조의 단절

3개의 왕국으로 분열된 카롤링거 집안, 즉 카롤루스 대제의 혈통을 계승하는 왕은 얼마 지나지 않아 사라졌다. 메이르선 조약을 체결하고 5년 만인 875년에 이탈리아에서 제일 먼저 단절되었다. 내부 소군주들의 항쟁이 계속되었고, 신성 로마 제국의 간섭까지 받아 불안정한 상태였다. 로마 교황의 지배권이 미치는 교황령도 함께 존재하는 등 국제적으로 복잡한 위치에 있었다. 동프랑크 왕국에서는 10세기에 카롤링거 가문이 단절되었고, 이후 제후들의 선거를 통해 왕을 선출했다.

936년에 왕위에 오른 오토 1세는 로마 교황으로부터 황제의 지위를 받았다. 그 후부터 황제가 독일 왕을 겸임했고, 신성 로마 제국으로 불리게 되었다. 신성 로마 제국은 이름대로 신성 로마 황제가 통치하는 것처럼 되어 있지만, 실제로는 하나의 통일된 국가 형태가 아니었다. 각 지방의 제후들이 자신의 영토를 통치하는 형태였다. 황제라고는 해도 제후의 의사를 무시할 수는 없었다. 이런 이유로 독일 주변에 제후들의 성과 '~부르크'라는 이름의 도시가 많이 남은 것이다.

  3개의 프랑크 왕국 중 그나마 비교적 오랫동안 카롤링거 가문이 지속된 곳은 서프랑크 왕국이었다. 10세기 말 카롤링거 가문이 단절되자 위그 카페가 왕이 되어 카페 왕조를 열었다. 동프랑크 왕국과 마찬가지로 서프랑크 왕국도 주권이 약했는데, 실제로는 하나의 유력한 제후에 불과하였다. 카페 왕조의 혈통은 14세기까지 이어졌고, 점차 왕권도 강해졌다.

서유럽에 위치한
'노르망디'라는 지명에서
북유럽 느낌이 나는 이유는?

: 노르만인의 진출 :

지명에 관한 수수께끼

모든 유럽이 두려워했던 '바이킹'

제2차 세계 대전 당시 영미 연합군은 프랑스 북쪽에 위치한 노르망디에 상륙했다. 소련과 함께 독일을 공격하는 것이 가능해졌고, 전세는 단숨에 연합군의 승리로 기울었다.

프랑스의 '노르망디'라는 지명은 북유럽 느낌이 난다. 북유럽에는 노르웨이라는 나라도 있고, 북유럽풍 디자인을 뜻하는

'노르딕'이라는 용어와 겨울 스포츠인 '노르딕 스키' 등도 있다. 사실 노르망디라는 지명은 원래 북유럽을 근거지로 했던 '노르만인의 나라'라는 의미에서 유래했다. 실제로 북유럽에 연고가 있는 지명인 것이다.

옛날 북유럽을 기반으로 한 노르만인들은 유럽 각지로 진출하여 몇몇 국가를 건설했다. 이른바 통상과 해적 활동 등으로 유럽을 뒤흔들었던 '바이킹'이다.

세계사의 전개

노르만인의 유럽 진출

게르만 민족의 한 유파인 노르만인은 데인(덴마크), 스베아(스웨덴), 노르웨이 3개 계통으로 구분된다. 노르만인은 능숙한 항해 기술을 바탕으로 8세기 말부터 유럽해에서 통상을 하거나

약탈을 일삼았다.

노르만인이 보유한 배는 전체 길이 20~30m로, 60~80명의 인원이 승선할 수 있었다. 게다가 바닥이 얕아 수심 1m에서도 항해가 가능한 독특한 구조였다. 이러한 배로 노르만인(바이킹)은 해안뿐만 아니라 하천을 따라 거슬러 올라가 내륙 지역까지 진출했다. 바다와 육지를 제압하는 노르만인의 위력을 보고 유럽 각국의 왕들과 민중은 무척이나 두려워했다고 한다.

862년 노르만인 출신인 류리크는 러시아로 진출하여 노브고로드를 수도로 하는 노브고로드 공국을 건국했다. 그 후 약 20년이 흐른 후 남하하여 키예프에 키예프 공국을 건설하였다. 이 국가가 나중에 모스크바 대공국, 즉 러시아 제국으로 이어지게 된다.

10세기 초, 노르만인의 수장 롤로가 이끄는 군대가 프랑스의 북부 연안을 공격한다. 롤로가 센강에서 파리까지 제압하자 프랑스 왕 샤를 3세는 롤로에게 회유책을 제시한다. 롤로에게 센강을 내주고 노르망디 공에 임명하는 제안이었다.

센강 하류 지역을 하사받은 롤로는 노르망디 공국을 세운다. 이로 인해 노르만인의 진출은 잠시 수그러들었다. 하지만 얼마 지나지 않은 12세기 초에 노르만인은 지중해로 진출하여 이탈리아 남부와 시칠리아에 양 시칠리아 왕국을 건설한다.

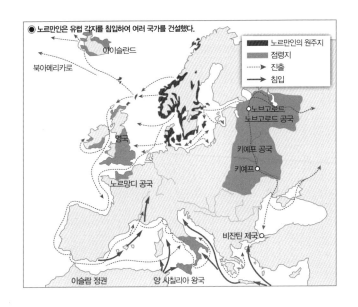

● 노르만인은 유럽 각지를 침입하여 여러 국가를 건설했다.

노르만인의 원주지
점령지
진출
침입

아이슬란드

북아메리카로

노브고로드
노브고로드 공국

영국

키예프 공국

노르망디 공국

키예프

비잔틴 제국

이슬람 정권   양 시칠리아 왕국

영국과 노르만인

영국이라는 나라 역시 노르만인과 관계가 깊다. 영국의 역
사를 가볍게 되짚어 보자.

영국에도 다른 유럽 지역과 마찬가지로 기원전부터 켈트인
이 살고 있었다. 영국은 얼마 지나지 않아 로마의 속주가 되었
다. 그 후 게르만인의 대이동으로 게르만 소부족인 앵글로색
슨인이 브리튼 제도에 침입하여 앵글로색슨 7왕국이라 불리
는 소왕국을 건설했다.

9세기 전후 7왕국은 앵글로색슨 왕국으로 통일을 이루었

지만, 이후 노르만인의 공격을 받았다. 잠깐 동안은 버티는 듯 보였으나, 결국 1016년 노르만인 크누드가 잉글랜드 지방을 정복한다.

크누드 사후 앵글로색슨 왕조가 잠시 부활했다가 1066년 또다시 노르만인의 공격을 받았다. 공격한 이는 바로 노르망디 공 윌리엄이다. 그는 예전부터 친척 관계인 앵글로색슨 왕조의 왕 에드워드로부터 왕위 계승을 약속받았다. 그런데 에드워드가 죽자 다른 앵글로색슨 계통의 왕이 즉위하였다. 윌리엄은 스스로 왕위 계승권을 주장하며 잉글랜드로 쳐들어갔다. 윌리엄은 승리를 거두었고, 잉글랜드 왕위에 취임하였다. 이후 잉글랜드는 잠시 노르만 계통의 왕이 지배하는 국가가 되었다.

여기서 중요한 점은 윌리엄이 노르망디 공이면서 잉글랜드의 왕이기도 하다는 사실이다. 잉글랜드의 왕이라는 입장에서는 프랑스와 동등하지만, 노르망디 공이라는 입장에서는 프랑스 왕을 섬겨야 하는 복잡한 관계인 것이다. 이러한 복잡한 관계는 장차 영국과 프랑스의 관계에 큰 영향을 미친다.

12

터키가 속한 반도를 '소아시아'라고 부르는 이유는?

: 비잔틴 제국의 흥망성쇠 :

지명에 관한 수수께끼

조금 의외인 '아시아'의 유래

아시아를 떠올리면 생각나는 국가들은 어디일까? 대부분 중국, 일본과 같은 인근 국가와 태국, 인도네시아, 말레이시아 같은 동남아시아 국가를 떠올릴 것이다. 실제로는 이란, 이라크, 터키 등 중동 근처의 서아시아 국가까지 포함하여 '아시아'라고 부른다. 최근 '아시안컵 축구 대회'의 인기가 높아져 젊은

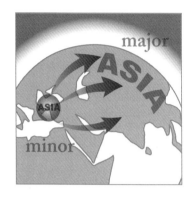

사람들은 아시아에 중동 주변국을 포함시켜도 이상하게 생각하지 않지만 말이다.

혹시 중동 주변에 있는 터키령의 반도를 '소아시아'라고 부른다는 사실을 알고 있는가? 아시아의 서쪽 끝에 위치하고 있는 이곳을 '작은 아시아'라고 부른다니, 의아하게 생각하는 사람도 있겠다. 사실 아시아라는 명칭은 이 지역에 붙여진 이름이었다.

일찍이 지중해를 제압한 페니키아인은 지중해 동부를 '동쪽'을 의미하는 '아스'라 부르고, 서부는 '서쪽'을 의미하는 '에레브'라고 불렀다. '아스'에 지명 접미사 '이아'가 붙어 동쪽의 땅 '아시아'라는 호칭이 생겨났다. 즉, 지중해가 세계의 중심이었을 때의 아시아는 바로 소아시아 지역을 일컬었던 것이다.

유럽인의 지리적 인식이 점점 넓어짐에 따라 아시아는 태평양 연안까지 확대되었다. 원래 아시아라 불렀던 지역은 자연스럽게 소아시아라고 불리게 되었다. 참고로 서쪽을 뜻하는 에레브는 '유럽'의 어원이 되었다.

세계사의 전개

서유럽에서 우위에 섰던 비잔틴 제국

로마 제국의 중심지는 어디일까. 대부분의 사람들은 로마라고 답할 것이다. 그래서 395년 로마 제국이 동서로 분열되었을 때에도 로마를 수도로 하는 서로마 제국이 동로마 제국(비잔틴 제국)보다 번영했을 것이라고 생각한다. 물론 서유럽이 동유럽보다 크게 발전한 탓에 이와 같은 추측을 하기도 한다.

그러나 동서로 분열되기 60년 전부터 로마 제국은 수도를 로마에서 콘스탄티노플로 옮겼다. 적어도 동서 분열 후 400년

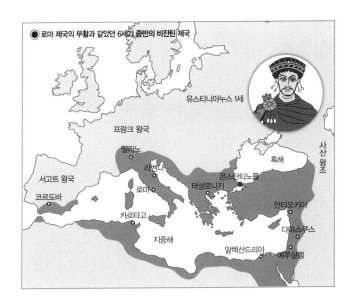

● 로마 제국의 부활과 같았던 6세기 중반의 비잔틴 제국

유스티니아누스 1세

프랑크 왕국
밀라노
라벤나
서고트 왕국
로마
코르도바
카르타고
지중해
알렉산드리아
흑해
콘스탄티노플
테살로니키
안티오키아
다마스쿠스
예루살렘
사산 왕조

동안은 콘스탄티노플을 수도로 하는 비잔틴 제국이 있는 지중해 동쪽이 서유럽보다 경제적, 문화적으로 선진 지역이었다.

더군다나 6세기 중반의 비잔틴 제국은 동고트 왕국과 반달 왕국을 멸망시키고 지중해를 대부분 장악하였다. 마치 과거 로마 제국이 부활한 듯한 세력을 떨친 것이다. 비잔틴 제국의 화려한 시대를 만들어 낸 사람은 유스티니아누스 1세 황제였다.

비잔틴 제국 건설을 위해 잠시도 쉬지 않았던 남자

유스티니아누스 황제는 농가 출신으로, 소위 말하는 고귀한 가문에서 태어난 사람이 아니었다. 큰아버지 유스티누스가 황제가 된 덕택에 양자가 되어 제위를 계승할 수 있었다.

황제가 된 유스티니아누스는 게르만 국가들을 멸망시키고, 영토 확장과 함께 사산 왕조의 공격을 제압하여 휴전 조약을 맺는 등 외교에서 두각을 드러냈다. 국내 정치에서도 뚜렷한 업적을 쌓았다. 그는 《유스티니아누스 법전》이라고도 불리는 《로마법 대전》을 완성시켰다. 황제 교황주의를 주창하며 교회(크리스트 정교회)를 지배하에 두어 사회적, 종교적으로 안정된 체제도 구축했다.

그 외에도 중국에서 전해진 양잠 기술을 바탕으로 견직물 사업을 육성했고, 소피아 대성당 건축 같은 대규모 공공 토목 사업을 추진하는 등 비잔틴 제국을 위해 모든 분야에 힘을 쏟

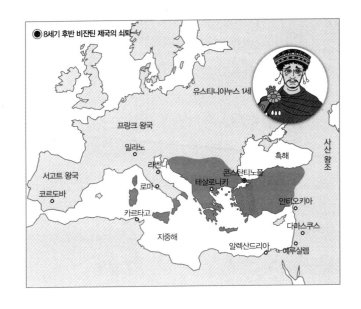

유스티니아누스 1세

프랑크 왕국

밀라노

라벤나

서고트 왕국

로마

코르도바

카르타고

지중해

흑해

테살로니키

콘스탄티노플

안티오키아

다마스쿠스

알렉산드리아

예루살렘

사산 왕조

았다. 유스티니아누스의 초인적인 활동을 보고 당시 사람들은 '불면불휴不眠不休의 황제'라 불렀다고 한다.

하지만 계속되는 출병과 대규모 토목 공사로 국력이 쇠약해졌다. 불면불휴의 황제가 죽은 후에는 비잔틴 제국의 번영에도 그림자가 지기 시작했다. 이탈리아의 영토는 게르만인에게 빼앗겼고, 동쪽으로는 사산 왕조와 이슬람 세력의 공격을 받았다. 불가리아 인도 진출하면서 지배 지역은 점점 축소되어 갔다.

13

삼장 법사가 가려 했던 곳은 천축(인도)일까, 간다라일까?

: 불교의 전파 :

지도에 관한 수수께끼

간다라는 어디에 있을까?

부처님의 가르침을 배우고자 천축으로 고난의 여행을 떠난 삼장 법사, 손오공, 저팔계, 사오정 일행의 모습을 그린《서유기》.《서유기》는 드라마와 애니메이션으로도 방영된 친근한 이야기이다. 그《서유기》에 등장하는 천축이 인도라고 하는데, 의문스러운 점이 있다.

일본에서 방영되어 큰 인기를 얻었던 TV 드라마 〈서유기 (1978)〉의 엔딩 테마는 '간다라'였다. 드라마 속 주인공들은 '그곳에 가면 모든 꿈이 이루어진다'는 간다라를 목표로 여행을 떠났다. 간다라는 지금의 파키스탄 북부인 페샤와르 주변 지역으로 아프가니스탄 인근이다. 인도와는 다소 떨어진 감이 없지 않아 있다. 삼장 법사가 도착하고자 했던 곳은 과연 천축일

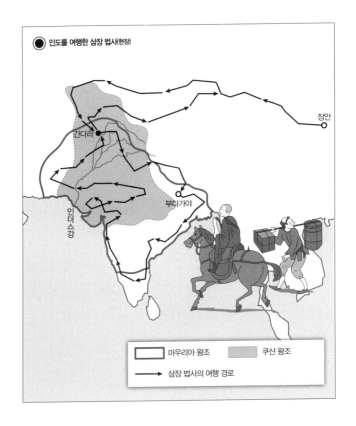

● 인도를 여행한 삼장 법사(현장)

장안

간다라

부다가야

인더스강

마우리아 왕조   쿠산 왕조

삼장 법사의 여행 경로

까, 아니면 간다라일까.

불교의 시초인 부처는 부다가야에서 깨달음을 얻었다고 한다. 불교는 기원전 2세기에는 마우리아 왕조의 아소카왕에 의해, 기원후 2세기에는 쿠샨 왕조의 카니슈카왕에 의해 보호를 받았다. 여기서 주의해야 할 점은 같은 인도 왕조라 하더라도 지배 영역에는 큰 차이가 있었다는 사실이다.

쿠샨 왕조는 중앙아시아를 중심으로 하였는데, 현재의 인도와는 차이가 있다. 쿠샨 왕조 시대에 간다라 지방의 불교 미술이 번영했다. 삼장 법사의 모델이었던 당나라 승려 현장은 7세기 초에 인도를 여행했던 실재 인물이다. 그는 갠지스강 유역의 불교 중심지에서 공부하고 인도 각지를 떠돌아다녔다. 삼장 법사 일행이 도달하고자 했던 간다라는 인도 전역을 여행했던 현장의 목적지 중 한 곳이었던 듯하다.

세계사의 전개

불교의 전파와 인도 왕조

세계 3대 종교인 크리스트교, 이슬람교, 불교 중에서 제일 먼저 성립된 종교는 불교이다. 여러 설이 있지만, 기원전 5~6세기경에 태어난 불교의 창시자 싯다르타가 부다가야의 보리수 아래에서 깨달음을 얻어 불교를 일으켰다고 한다. 당시 인도는 소국으로 나뉘어 있었고, 부처는 어느 소국의 왕자였다. 이후에 코살라 왕국, 마가다 왕국이라는 우세한 국가들이 있었지만, 통일 국가라 불릴 정도는 아니었다.

인도 최초의 통일 왕조는 기원전 4세기에 세워진 마우리아 왕조이다. 마우리아 왕조의 번성기는 아소카왕 시대이다. 그는 남인도 정복 활동을 전개하여 왕조 최대의 영토를 확보했다. 물론 그 길이 평탄치만은 않았다. 전투에서 많은 사상자가 발생했고, 그의 마음도 상처를 입었다. 머지않아 그는 그동안 행한 살생을 뉘우치고 불교로 귀의하여 무력에 의한 정복 활동을 포기했다. 불교 또한 아소카왕 시대에 큰 약진을 하였다.

기원 전후 불교는 큰 전환기를 맞이했다. 출가하여 수행을 쌓아 스스로를 구제한다고 생각했지만, 모든 사람을 구제한다는 새로운 생각이 생겨났다. 새로운 불교를 대승 불교라 불렀고 중국, 한국, 일본으로 전해졌다. 한편 원래의 불교는 상좌부 불교라 하여 동남아시아와 스리랑카에 보급되었다. 상좌부 불교를 소승 불교라고도 부르는데, 대승 불교의 관점에서 상좌부 불교를 낮게 부르는 명칭이다.

불상이 처음으로 제작된 것도 이 즈음이다. 부처가 죽은 후 수백 년 동안 불상은 만들어지지 않았다고 한다.

간다라 미술의 발전

마우리아 왕조 이후 당분간 큰 왕조는 나타나지 않았다. 기원전 1세기경 중앙부 데칸고원에서 사타바하나 왕조가, 기원후 1세기에는 북서부를 중심으로 쿠샨 왕조가 생겨났다. 둘 다 통일 왕조라고 할 만한 규모는 아니었다.

기원후 2세기경 쿠샨 왕조의 카니슈카왕이 불교를 보호하였고, 서방에서 전해진 헬레니즘 문화의 영향으로 간다라 미술이 발전하게 되었다. 부처가 입적한 후 수백 년 동안 불상이 만들어지지 않았던 점과 헬레니즘 문명의 영향을 받아 불교 미술이 발전한 상황 등이 결합해 불상에 독특한 세계관과 풍미를 심어 주었다.

4세기에 접어들면서 북인도 지역에 굽타 왕조라 불리는 거대 왕조가 생겨났다. 굽타 왕조에서는 다양한 분야의 학문이 발전했다. '0'이라는 개념과 십진법이 생겨났으며, 〈라마야나〉라는 서사시가 등장했다. 인도의 민간 신앙이 융합된 힌두교도 당시에 세계로 퍼져 나갔다. 인도에서 시작된 힌두교는 세계 종교가 되어 불교를 압도하게 되었다.

굽타 왕조의 멸망 이후 바르다나 왕조가 북인도에서 큰 세력을 잡았다. 이 시기에 인도를 방문한 승려 현장은 바르다나 왕조의 창시자인 하르샤바르다나왕의 보호를 받으며 불교를 배울 수 있었다.

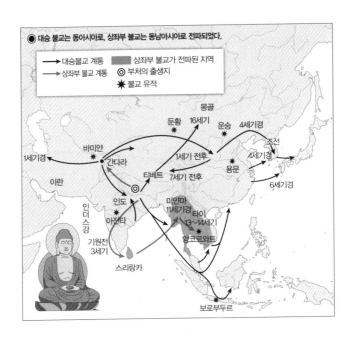

● 대승 불교는 동아시아로, 상좌부 불교는 동남아시아로 전파되었다.

→ 대승불교 계통   상좌부 불교가 전파된 지역
→ 상좌부 불교 계통   ◎ 부처의 출생지
                     ✹ 불교 유적

몽골

둔황 16세기   운숭 4세기경
바미안   조선
간다라   1세기 전후   4세기경
1세기경   용문
이란   티베트 7세기 전후
                                6세기경
인도
인더스강   아잔타
기원전   미얀마
3세기   11세기경 타이
           앙코르와트 13~14세기
스리랑카

보로부두르

14

중국에도
'동경東京'이 있었다고?

: 수·당의 번영 :

지명에 관한 수수께끼

중국 역사에서 명이 짧았던 '동경東京'

"북北에 경京을 붙이면 뭐라고 읽을까?"

"페킨이라고 읽어."

"그러면 남南에 경京을 붙이면?"

"난킨이라고 읽지."

"그럼 동東에 경京을 붙이면?"

"톤킨이라고 읽지 않아?"

"아니야. 도쿄가 맞아."*

일본인이라면 어렸을 적에 위와 같은 퀴즈를 들어 보았을 것이다. 그런데 실제로 '톤킨'이라 불리는 동경東京이라는 도시가 중국 역사에 존재하였다. 세계사를 한 번이라도 공부한 적이 있는 사람이라면 누구나 알고 있는 도시이다.

과거 중국의 한 왕조는 전한의 수도를 장안에, 후한의 수도를 낙양에 두었다. 두 도시의 위치를 따져 장안을 서경, 낙양을 동경이라고 불렀던 것이다. 그 후 삼국 시대를 거쳐 진晉 왕조(265~316년)에 의해 반세기 정도 중국은 통일을 이루었다가 다시 분열된다.

진나라가 멸망한 후 약 270년이 지난 589년에 드디어 수나라가 중국을 통일하는 데 성공한다. 수나라의 2대 황제였던 양제는 장안을 수도로 정하고 낙양을 동경이라 불렀다. 동경이라는 이름은 5년 후에 다시 동도東都라는 이름으로 바뀌었다.

---

* 일본어로 '京'은 글자에 따라 '킨', '쿄우', '케이' 세 가지로 발음한다.

세계사의 전개

일본에서 온 편지에 격노한 황제

진陳을 멸망시키고 남북조 시대의 끝을 맺은 수나라. 수나라의 초대 황제로 문제가 취임한다. 문제는 조용조租庸調라 불리는 세금 제도와 관리 임용 제도인 과거의 도입, 운하 건설 등 체제를 정비하고자 노력했다.

문제의 뒤를 이은 양제는 아버지를 본받아 왕조의 발전을 위해 애를 썼지만, 방법이 다소 강압적이었다고 한다. 사실 양제가 황제로 취임한 때부터 이상한 소문이 나돌고 있었다.

양제는 장남이 아니었다. 이미 아버지의 후계자로 형인 양용이 이미 내정되어 있었다. 양제는 아버지에게 형을 중상모략 하여 후계자의 지위에서 끌어내렸다. 4년 후 아버지 양견이 죽자 양제는 황제의 자리를 차지한다. 이 타이밍에서 양견의 죽음에 대해 많은 의문이 있었고, 양제에 의한 부친 암살설은 그럴듯한 소문이 되어 떠돌았다.

한때 양제는 어느 소국에서 보낸 편지에 격노한 적이 있었다. "이런 무례한 서신은 두 번 다시 들이지 말라!"며 호통을 쳤다고 한다. '해가 뜨는 나라의 천자가 해가 지는 곳의 천자에게 서신을 보내노라'라고 시작되는 편지로, 일본의 야마토 왕조에서 보낸 국서였다. 나중에 양국의 관계는 안정되었고, 야

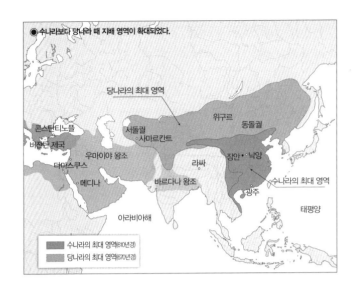

● 수나라보다 당나라 때 지배 영역이 확대되었다.

당나라의 최대 영역
위구르
동돌궐
콘스탄티노플
서돌궐
비잔틴 제국
사마르칸트
우마이야 왕조
장안·낙양
다마스쿠스
라싸
수나라의 최대 영역
메디나
바르다나 왕조
광주
태평양
아라비아해

■ 수나라의 최대 영역(610년경)
■ 당나라의 최대 영역(670년경)

마토 왕조는 수나라에 견수사遣隨使라 불리는 사절단을 수차
례 파견하기도 했다.

양제는 대운하를 건설하여 광활한 중국의 남북 교통을 편리
하게 만들었다. 그러나 토목 공사와 과중한 대외 원정으로 민
중은 피폐해져 갔다. 그 결과 전국 각지에서 농민 반란이 일어
났고, 양제는 측근에 의해 살해당했다. 통일 후 30년 만에 수
나라는 멸망하였다.

태평성대의 도시 : 당의 수도, 장안

수나라 이후 당나라가 건국되었다. 당나라는 수나라의 정책
을 계승함과 동시에 여러 제도를 정비하여 완성도를 높여 나

갔다. 수나라가 실현하지 못했던 여러 토벌에도 성공하여 북부와 남부로 영토를 확장했다. 당나라는 영토와 백성을 황제가 지배하며 약 300년에 걸쳐 큰 번영의 시대를 누렸다.

당의 수도인 장안은 계획적으로 건설된 대도시였다. 장안은 다른 나라의 도시 건설을 위한 모델이 되기도 했다. 다양한 나라의 유학생들과 상인들이 장안으로 모이면서 국제 도시로 성장하였다. 당대에 시인 이백과 두보가 활약하였으며, 인도를 여행한 승려 삼장 법사가 중국으로 돌아온 시기도 당나라 때였다.

690년에 중국 역사상 유일한 여성 황제였던 측천무후가 국명을 일시적으로 '주'로 바꾸었다. 과거 제도를 통한 인재의 적극적 등용 등 공적도 있었지만, 당시 국내 정치는 불안했다.

다음 황제에 취임한 측천무후의 손자 현종은 '개원의 치'라 불리는 모범적인 정치를 하였다. 현종은 말년에 한 명의 여성에게 빠져 정치를 돌보지 않게 되는데, 그 여성이 바로 양귀비이다. 그로 인해 안사의 난이라는 큰 반란이 일어나 당의 정치체제는 크게 흔들렸다.

정부의 회유책과 양귀비의 죽음으로 가까스로 반란은 수습되었으나, 당의 지배 체제는 매우 약해졌다. 결국 세계에 이름을 널리 떨쳤던 당나라는 907년에 멸망했다. 그 후 무인들의 등장과 함께 작은 나라들이 생겨나고 사라지기를 반복했던 5대 10국 시대를 거쳐 960년 송나라가 중국을 통일하였다.

커피 종류인 '킬리만자로', '블루 마운틴'은 산 이름이다.
그렇다면 '모카'는?

생산지 이름이 커피 종류의 이름이 되는 경우가 많다. '킬리만자로', '블루 마운틴'처럼 커피가 생산된 신의 이름이 커피 종류의 이름이 되는 경우와 '하와이 코나'처럼 생산지의 이름을 따서 붙인 경우도 있다. 한편 우리가 잘 알고 있는 '모카'라는 이름은 지명이 아닌 듯하다. 모카도 우리가 잘 모르는 커피 산지에서 유래된 이름일까?

모카는 커피의 생산지가 아니라 아라비아반도 예멘의 항구 도시를 부르는 이름이라고 한다. 에티오피아와 예멘에서 생산된 커피의 대부분이 모카 항을 통해 유럽으로 출하된다고 해서 커피 종류의 이름이 되었다고 한다. 커피를 실어 보내는 항구는 많겠지만, 모카 항은 유럽 배의 출입이 많아서 유명해졌다. 지금은 중요한 무역 경로로 사용되고 있지는 않지만, 과거 항구 도시로서의 명성은 아직까지도 커피 종류의 이름에 남아 있다.

제3장

몽골 제국,
그리고 변천하는
아시아와 유럽

15

많은 사람들이 원했던 '평화의 마을'은 어디일까?

: 십자군 원정 :

지명에 관한 수수께끼

세상 모든 사람들의 염원인 평화

동서고금을 막론하고 세상 모든 사람들이 공통적으로 염원하는 것이 있다. 그것은 바로 평화이다. 평화를 염원하는 사람들 때문인지 세계 각지에는 평화에서 유래된 지명이 많다. 그 예로 '평온한 바다'라는 의미인 태평양이 있고, 미국에는 히브리어의 '평화'에서 유래된 '살렘'이라는 마을이 40여 개나 존재한다.

미국의 살렘과 어원을 같이 하는 지명으로 '예루살렘'이 있다. 예루살렘은 히브리어의 'yeru(마을)'와 'shalayim(평화)'의 조합으로, '평화의 마을'이라는 의미의 지명이다. 어원이 같다고는 하지만, 미국의 살렘은 성지 예루살렘에서 따온 듯하다.

예루살렘은 유대교인에게 있어서는 고대 신전과 같은 곳이며, 크리스트교인에게는 예수의 순교와 관련이 있는 땅이다. 뿐만 아니라 이슬람교인은 마호메트가 승천한 성지로 여기는 지역이기도 하다. 많은 사람들이 이곳을 동경하여 자신의 지배하에 두려고 많은 분쟁이 일어나기도 했다.

세계사의 전개

이슬람 독립 왕조의 출현

이슬람 제국의 아바스 왕조는 8세기 말에서 9세기 초까지 번창했다가 점차 쇠퇴해 갔다. 그 후 내부로부터 여러 독립 왕조가 생겨났다. 그중에서도 북아프리카의 튀니지를 기점으로 이집트, 시리아로 세력을 확장한 파티마 왕조는 '칼리프'라는 칭호를 건국 당시부터 사용하며 아바스 왕조와 대립했다. 영향을 받은 우마이야 왕조도 칼리프라는 칭호를 사용했다. 그리하여 이 시기에는 3명의 칼리프가 존재했다.

혼란이 계속되던 중 세력을 확장한 유목민 투르크인은 1037년 셀주크 왕조를 일으킨다. 셀주크 왕조는 아바스 왕조의 칼리 프로부터 '술탄'이라는 칭호를 받아 아바스 왕조를 지배하게 된다. 아랍인의 시대에서 중앙아시아 출신의 투르크인 시대로 변화해 가는 시점이다. 셀주크 왕조는 서쪽과 북쪽으로 진출하여 소아시아에 위치한 비잔틴 제국에 압력을 가했다.

위기에 직면한 비잔틴 제국은 로마 교황에게 도움을 청했다. 당시 교황 우르바누스 2세는 성지 예루살렘을 탈환할 목적으로 성전을 호소했다. 프랑스 제후들을 중심으로 하는 십자군이 결성되었고, 예루살렘을 목표로 진군하기 시작했다. 1096년

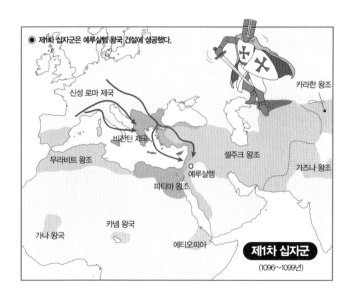

● 제1차 십자군은 예루살렘 왕국 건설에 성공했다.

신성 로마 제국

카라한 왕조

비잔틴 제국

무라비트 왕조

셀주크 왕조

가즈나 왕조

예루살렘

파티마 왕조

카넴 왕국

가나 왕국

에티오피아

제1차 십자군
(1096~1099년)

부터 1099년에 걸쳐 일어난 제1차 십자군 원정은 성공을 거두어 예루살렘을 점령하고 왕국을 건설했다.

십자군과 이슬람의 공방

이슬람 세력의 반격 조짐이 보이자 1147년 제2차 십자군이 조직되었다. 제2차 십자군은 신성 로마 제국의 황제, 프랑스 왕, 비잔틴 제국 사이의 계속되는 배신으로 목적을 달성하지 못했다.

한편 이슬람에서는 1169년에 살라딘이 아이유브 왕조를 건국한다. 살라딘은 파티마 왕조를 무너뜨리고 이집트에서 동시리아까지 세력을 확장하여 예루살렘 탈환에 성공했다. 예루살렘을 빼앗고자 서유럽 크리스트교 국가들은 제3차 십자군을 결성하였으나 실패로 끝이 났다.

그 후에도 1270년 제8차에 이르기까지 십자군 원정은 계속되었음에도 불구하고 성지 예루살렘을 손에 넣지 못했다. 성지 탈환에 실패했다는 이유로 로마 교황의 권위가 흔들리게 된 반면, 십자군을 이끌었던 국왕의 권위는 높아지게 되었다.

제4차 십자군 원정에는 베네치아 상인들이 관여했다. 그들은 상업상 라이벌인 콘스탄티노플을 공격하여 점령하도록 했다. 베네치아 상인들이 의도한 대로 결실을 맺었지만, 당초 목표로 했던 성지 예루살렘의 탈환은 어느새 잊혀졌다.

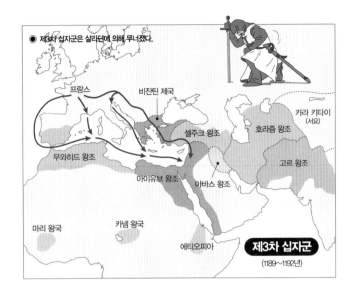

● 제3차 십자군은 살라딘에 의해 무너졌다.

프랑스
비잔틴 제국
카라 키타이 (서요)
셀주크 왕조
호라즘 왕조
무와히드 왕조
고르 왕조
아이유브 왕조
아바스 왕조
마리 왕국
카넴 왕국
에티오피아

제3차 십자군
(1189~1192년)

그 외에도 십자군 원정의 차수에는 포함되지 않지만 1212년의 소년 십자군도 있었다. 신의 계시를 들었다는 소년들이 십자군을 이끌었다. 도중에 귀국하거나 노예로 팔려 가는 소년들도 있었던 소년 십자군은 비극으로 끝났을 뿐, 성지 탈환이라는 소기의 목적은 달성하지 못했다.

16

'햄버거'의
기원은 어디일까?

: 몽골 제국의 약진 :

지도에 관한 수수께끼

햄버거는 원래 말고기로 만든 요리

햄버거의 기원에는 여러 설이 있다. 그중에서 독일의 항구 도시 함부르크에서 유행하던 타르타르스테이크가 미국에 전해져 '함부르크풍 스테이크'라는 의미인 '햄버그스테이크'가 되었다는 설이 대표적이다. 당시 함부르크에서 유행했다는 타르타르스테이크는 독일에서 생겨난 요리가 아니다. 몽골계 부족

인 타타르인이 원정 시에 먹었던 요리라고 한다.

　유목민이었던 몽골인은 양파 등을 함께 섞은 말고기를 부드럽게 만들기 위해 말안장에 깔고 앉았는데, 이렇게 만든 요리가 타르타르스테이크였다. 타르타르스테이크가 항구 도시 함부르크 사람들의 소고기 요리로 변하였다고 한다. 즉, 햄버거의 기원은 몽골인의 요리인 것이다.

　과거 몽골인은 유라시아 대륙을 석권하고 유럽까지 세력을 넓혀 갔다. 그 흔적은 우리 주변의 다양한 곳에서 살펴볼 수 있다. 경기장에서 흔히 하는 '플레이~, 플레이~'라는 응원 구호는 영어에서 유래되었다고는 하지만, 원래 몽골 군대의 함성 소리라고 한다.

세계사의 전개

유라시아를 제패한 몽골 제국의 탄생

테무친이 13세였을 때 아버지가 살해당했다. 그때부터 그는 어머니와 어린 동생을 데리고 살아남는 방법을 몽골고원에서 배웠다. 머지않아 세력을 회복하여 여러 부족을 통일한 그는 1206년 몽골계, 투르크계 부족의 군주인 '칸'의 지위에 올랐다. 이때부터 그는 '칭기즈 칸'이라 불리게 되었고, 계속해서 몽골 제국의 세력 확대를 위해 노력했다.

칭기즈 칸은 중국 북부를 공격하는 한편, 서쪽으로 진출하여 투르크계 호라즘 왕조를 정복했다. 투르크족을 정복하여 몽골 제국 발전의 기초를 마련한 칭기즈 칸은 1227년 자식들에게 뒤를 맡기고 세상

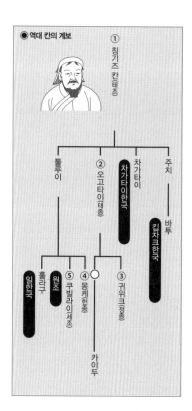

●역대 칸의 계보

① 칭기즈 칸(태조)

주치 — 바투 — 킵차크한국

차가타이 — 차가타이한국

② 오고타이(태종) — ③ 귀위크(정종)

툴루이 — ④ 몽케(헌종) — 카이두

— ⑤ 쿠빌라이(세조) — 원조

— 훌라구 — 일한국

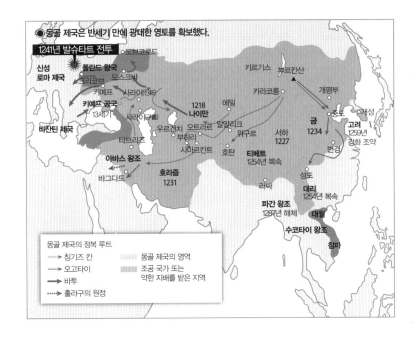

● 몽골 제국은 반세기 만에 광대한 영토를 확보했다.

1241년 발슈타트 전투

몽골 제국의 정복 루트
⋯⋯▶ 칭기즈 칸
──▶ 오고타이
━━▶ 바투
⋯⋯▶ 훌라구의 원정
▨ 몽골 제국의 영역
▨ 조공 국가 또는
약한 지배를 받은 지역

을 떠났다.

영웅 칭기즈 칸의 무덤은 아직까지 발견되지 않았다. 시체를 묻은 장소에 흙을 덮고 여러 번 발로 밟아 평지처럼 만들었기 때문이다. 이것은 유목 민족이었던 몽골인의 습관이기도 하고, 도굴을 피하기 위한 목적도 있었다고 한다.

칭기즈 칸의 뒤를 잇는 칸의 지위를 셋째 오고타이가 계승했다. 장남 주치는 이미 세상을 달리했으며, 차남 차가타이는 동생 오고타이를 보좌하는 역할을 자처했다. 참고로 차가타이는 아버지로부터 물려받은 중앙아시아 땅에 차가타이한국을 창시했다.

지금까지 존재하지 않았던 대제국의 출현

칭기즈 칸이 죽은 후 아들 오고타이와 손자 바투, 훌라구에 의해 몽골 제국의 영역은 점차 확대되었다. 제2대 칸인 오고타이는 중국 북부를 공격하여 해당 지역을 지배하던 금나라를 멸망시켰다. 중국 북부의 땅이 몽골 제국의 지배하에 들어간 것이다.

칭기즈 칸의 장남인 주치의 아들 바투는 서쪽으로 진격하여 러시아를 정복하고 동유럽을 공격했다. 바투에 맞선 국가는 폴란드와 독일(신성 로마 제국) 연합군이었다. 유럽 측이 패배하면 몽골의 유럽 침공이라는 결말로 이어지는 것이 뻔히 보이는 상황이었다. 그런데도 유럽군은 발슈타트 전투에서 강력한 몽골 기마 군단을 보고 맥없이 도망쳐 버렸다.

이 시점에서 바투에게 오고타이의 죽음이 전해졌다. 바투는 일단 군사를 철수시켰다. 바투는 후에 러시아 지역에 킵차크한국을 건설했다.

오고타이가 죽은 후 아들 귀위크가 제3대 칸의 지위에 오르지만 2년 만에 요절했다. 이어서 칭기즈 칸의 넷째 아들인 툴루이의 아들 몽케가 제4대 칸이 되었다.

몽케의 동생 훌라구는 서아시아에 진출하여 바그다드를 페허로 만들고 아바스 왕조를 멸망시켰다. 얼마 지나지 않아 훌라구는 이란과 이라크 지역에 일한국을 창건했다.

몽골 제국은 칭기즈 칸이 즉위한 지 반세기 만에 러시아, 서아시아, 화북 지방에 이르는 대제국을 일으키는 위업을 성공시켰다.

17

계薊, 연경燕京, 중도中都, 대도大都, 캔바리크Khān Bālīq의 현재 이름은?

: 원나라에서 명나라로, 중국 왕조의 변천 :

지명에 관한 수수께끼

여러 이름을 가진 중국의 도시

왕조가 바뀌거나 통치자가 바뀌면 같은 도시라 하더라도 이름이 바뀌는 경우가 많다. 이것은 중국의 도시 이름이 가진 특징 중의 하나이다. 앞서 이야기했듯이 중국의 낙양은 '동경'이라 불렸던 적도 있으며, '동도'라는 이름을 가진 적도 있다. 남경 역시 이름이 다양했는데, '금능읍金陵邑, 건업建業, 건강建康,

강녕부江寧府' 등으로 불렸다.

여러 이름을 가진 지역의 최고봉은 중국의 수도 북경일 것이다. 춘추 시대에는 연나라 소속의 '계'라는 이름이었고, 연나라의 수도라는 의미에서 '연경'이라고 불린 적도 있다. 금나라에서는 '중도'라는 이름으로, 몽골 제국이 점령했을 때는 '대도'라 불렸다. 또한 몽골인은 '칸의 수도'라는 의미에서 '칸 바리크'라 불렀던 듯하다. 원나라가 멸망하고 명나라 시대에 와서야 비로소 '북경'이라는 이름으로 불렸다. 20세기에 들어서 수도가 남경으로 바뀌자 '북평北平'이라는 이름이 잠깐 붙기도 했다.

한국의 수도 '서울'도 과거의 호칭 '한양'이라고 부르면 같은 지역임에도 느낌이 상당히 달라진다. 과거 역사 속 지명이 지난날의 모습을 품고 있다고 말해도 좋을 듯하다. 그렇긴 해도 북경처럼 이름이 너무 자주 바뀌면 역사를 공부하는 사람들에게는 그냥 귀찮은 일이 되고 만다.

세계사의 전개

몽골 제국의 분열

제4대 칸 몽케의 뒤를 이어 제5대 칸에 오른 사람은 쿠빌라이다. 쿠빌라이는 현재 북경에 해당하는 대도를 수도로 정하고, 국호를 중국풍인 '원'으로 정했다. 이후 남송을 멸망시키고 중국을 통일하여 이슬람 세계와 중국 세계의 통합을 이루어 냈다. 그는 티베트와 고려를 지배하에 두었고 일본과 베트남, 자바섬에 병력을 보내기도 했다. 이처럼 몽골 제국은 영토 확장을 이루며 융성해 가는 듯이 보였지만, 실제로는 쿠빌라이가 왕위에 올랐을 때부터 이미 붕괴의 길을 걷고 있었다.

칸의 계통도를 살펴보면, 초대 칭기즈 칸의 사후에 오고타이 계통의 칸이 제2대와 제3대에 올랐고, 제4대와 제5대에는 칭기즈 칸의 막내인 툴루이 계통의 몽케와 쿠빌라이가 칸이 되었다. 쿠빌라이가 칸으로 즉위 시 툴루이 계통의 칸이 이어

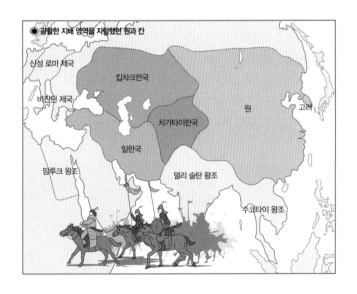

● 광활한 지배 영역을 자랑했던 원과 칸

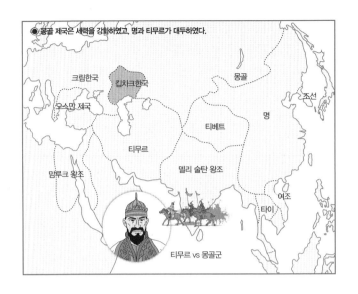

● 몽골 제국은 세력을 강화하였고, 명과 티무르가 대두하였다.

크림한국

킵차크한국

몽골

오스만 제국

조선

명

티베트

티무르

델리 술탄 왕조

맘루크 왕조

여조

타이

티무르 vs 몽골군

지는 상황에 이의를 제기한 인물이 있었다. 바로 오고타이 계통인 카이두라는 인물이었다.

카이두는 차가타이한국, 킵차크한국과 함께 반反쿠빌라이, 반反원나라의 반란을 일으켰다. 그중에서도 유일하게 일한국만이 원나라와 우호적인 관계를 유지했다. 이유는 일한국의 창시자인 훌라구가 쿠빌라이의 동생, 즉 툴루이 계통이었기 때문이다.

붕괴하는 몽골 제국

1294년 쿠빌라이의 서거 후 제국의 정치는 혼란기를 맞이한다. 차가타이한국은 동서로 분열되는 등 14세기에는 쇠퇴의 징후가 나타났다. 이러한 상황에서 서차가타이한국에서 강한 세력을 자랑했던 티무르는 중앙아시아에 이슬람 왕조인 티무르 제국을 건국한다. 킵차크한국 역시 세력이 쇠퇴하여 모스크바 공국이 우세하게 되었다. 뿐만 아니라 일한국도 티무르 제국의 영향을 받아 14세기 중반에는 힘을 잃었다.

원나라에서는 정치적 혼란을 틈타 민중 반란인 홍건적의 난이 일어났는데, 원나라의 흥망에 치명타가 되었다. 반란군 중 두각을 나타낸 주원장은 1368년에 명나라를 건국하여 몽골인을 몽골고원으로 내쫓고 남경을 수도로 하는 중국 통일 왕조의 건설에 성공한다.

명나라의 제3대 황제인 영락제는 수도를 북평으로 옮겨 북경이라 부르고 자금성을 건축했다. 그러다가 명나라도 점차 쇠퇴하기 시작하여 16세기 중반에는 몽골과 왜구로 불리던 해적들의 압력을 받아 정치적으로 혼란의 시기를 겪었다. 17세기 중반에는 각지에서 일어난 반란으로 명나라는 마침내 1644년에 끝을 맞이했다.

명나라의 멸망 이후 만주인(여진)이 건국한 청나라가 중국을 통일하였다. 청나라는 원, 명과 마찬가지로 북경에 수도를 두고 자금성을 대폭 개축하여 궁전으로 사용했다. 20세기까지 지속된 청나라는 과거 제도, 유학 등 중국 왕조의 제도와 전통을 계승하면서도 변발 등 만주인의 풍습을 강요하기도 했다.

> **18**

그 유명한 과자의 이름은 '요새'라는 뜻을 가진 국가의 이름이었다고?

: 레콩키스타의 진전, 영국과 프랑스의 백년 전쟁 :

지명에 관한 수수께끼

유럽의 역사와 지명에서 유래된 디저트 이름들

전국 시대부터 에도 시대 초까지 일본에는 남만인이라 불렸던 서양인들이 왕래했다. 그들은 일본인들이 본 적이 없는 신기한 음식을 가지고 오기도 했다. 당시 일본인들은 그들의 음식에 관심이 많았다.

어느 포르투갈인이 먹고 있던 맛있어 보이는 서양과자를 보고 일본인들이 뭐냐고 물었다. 포르투갈인은 '카스티야'의 과자라고 답했다고 한다. 그때부터 포르투갈인이 먹던 신기한 과자는 '카스텔라'라는 이름으로 불렸다고 한다. 여러 설이 존재하는 카스텔라의 어원 중 가장 유력한 설이다.

과거 유럽의 이베리아반도에는 카스티야라는 이름을 가진 왕국이 있었다. 카스텔라를 즐겨 먹었던 카스티야는 이슬람에게 빼앗겼던 땅을 되찾아 크리스트교도들에게 돌려주기 위해 열심히 싸웠다. 본래 카스티야는 '요새'라는 뜻이라고 한다.

이베리아반도가 크리스트교 국가들과 이슬람 세력의 전쟁터가 되는 동안, 북방에서는 영국과 프랑스 사이에 백년 전쟁이 일어나고 있었다. 백년 전쟁의 발단이 되기도 한 플랑드르 지방은 와플과 초콜릿 등 디저트의 본고장이다.

프랑스에는 샴페인의 명산지 '샹파뉴 지방'과 서양과자의 이름이 된 알프스의 최고봉 '몽블랑'이 있다. 영국에는 스콘과 관계가 있는 스코틀랜드의 '스쿤 궁전'이 있다. 이처럼 유럽에는 맛있는 음식과 관련된 지명이 많다.

세계사의 전개

크리스트교도의 레콩키스타

이베리아반도는 8세기에 이슬람 왕조가 지배하는 지역이었다. 크리스트교 신자들은 이베리아반도를 버리지 않고 피레네산맥에서 호시탐탐 국토 회복의 기회를 엿보고 있었다. 그들이 기다리던 기회는 좀처럼 쉽게 찾아오지 않았다. 이슬람의 땅에서 크리스트교 국가가 되기까지는 약 800년이라는 긴 세월이 필요했다. 이 오래된 전쟁을 레콩키스타(국토 회복 운동)라고 부른다.

11세기에 이베리아반도를 지배했던 우마이야 왕조는 내분으로 분열되었다. 크리스트교도 측에서는 카스티야 왕국과 아라곤 왕국을 건국했다. 12세기에는 카스티야로부터 독립한 포르투갈 왕국이 탄생했다.

13세기에 들어서면서 큰 전환기를 맞이했다. 당시 로마 교황이었던 인노첸시오 3세는 이베리아반도의 크리스트교도 영토 탈환을 위해 세력을 결집시켰고, 나바스 데 톨로사 전투에서 이슬람을 이기고 승리를 거둔다. 이슬람 세력의 중심 도시였던 코르도바가 함락되자 이슬람 세력은 그라나다를 거점으로 한 나스르 왕조만 남게 되었다.

1469년에는 세계 역사에 큰 영향을 끼쳤던 결혼식이 있었

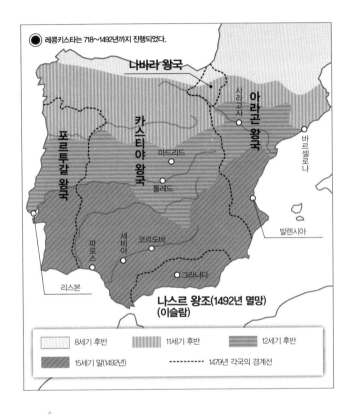

레콩키스타는 718~1492년까지 진행되었다.

나바라 왕국

아라곤 왕국

사라고사

카스티야 왕국

포르투갈 왕국

마드리드

톨레도

바르셀로나

팔로스

세비야

코르도바

발렌시아

그라나다

리스본

나스르 왕조(1492년 멸망)
(이슬람)

| 8세기 후반 | 11세기 후반 | 12세기 후반 |
| 15세기 말(1492년) | 1479년 각국의 경계선 | |

다. 카스티야의 공주 이사벨 1세와 아라곤의 왕자 페르난도 2
세의 결혼이다. 결혼 후 10년이 되던 해인 1479년에 두 국가가
통합되어 스페인 왕국이 탄생하였다. 부부가 지닌 사랑의 힘
덕분인지, 1492년 드디어 이슬람 세력의 최후 요새인 그라나
다가 함락되어 레콩키스타가 완성되었다.

참고로 그해에 콜럼버스는 제1차 항해를 시작했다.

영국과 프랑스의 명예를 걸었던 백년 전쟁

레콩키스타가 최종 국면에 다다르고 있던 14세기에서 15세기 중반, 영국과 프랑스 사이에 백년 전쟁이 일어났다. 백년 전쟁은 유럽 최대의 모직물 생산지였던 플랑드르 지방을 두고 일어난 싸움이다. 그 외에 프랑스 왕과 혈연 관계였던 영국 왕의 프랑스 왕위 계승권과도 관계가 있다. 백년 전쟁은 휴전 기간

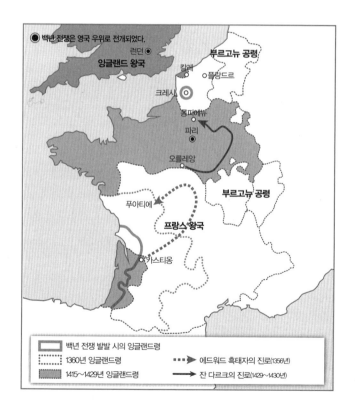

을 포함하여 100년 이상 계속된 오래된 싸움이었다.

전쟁이 시작된 후 잠시 동안은 크레시 전투와 푸아티에 전투에서 에드워드 흑태자가 활약하면서 영국군이 우위를 점하였다. 많은 영토를 빼앗긴 프랑스는 붕괴 직전에 이르렀는데, 기적적인 일이 일어났다. '프랑스를 구하라'는 신의 계시를 들은 소녀 잔 다르크가 남장을 하고 나타나 영국군을 무찌른 것이다. 전세를 회복한 프랑스는 백년 전쟁에서 승리하였고, 영국은 자국에 가까운 칼레 지방을 제외하고는 대륙의 영토를 대부분 잃었다.

프랑스 승리의 주역인 잔 다르크는 프랑스 왕과 대립하고 있던 부르고뉴파에게 체포되어 영국으로 인도된다. 종교 재판에서 '이단의 마녀'로 판결받은 잔 다르크는 1431년 프랑스의 승리를 지켜보지 못한 채 화형에 처해졌다. 당시 그녀의 나이는 불과 19세였다고 한다.

제4장

대항해로부터
시작된
유럽 세계의
팽창

19

포르투갈이 대항해의 시대 동안 선두에 설 수 있었던 이유는?

: 대항해 시대의 시작 :

지리에 관한 수수께끼

작은 나라여서 새로운 시대를 개척할 수 있었던 포르투갈

대항해 시대를 장악했던 포르투갈은 결코 거대한 국가가 아니었다. 국토는 겨우 일본의 약 4분의 1에 불과하며 현재 인구는 천만 명 정도로 도쿄의 인구보다도 훨씬 적다. 이처럼 작은 나라인 포르투갈은 어떻게 항해 대국이 되었을까?

그 이유 중 하나로 지형적 요인을 들 수 있다. 포르투갈의 남

서부에는 바다가, 북동부에는 카스티야 왕국이 있었다. 그런데 이웃 국가인 카스티야 왕국과의 관계가 안정적이지 않았던 시기가 있었다.

1143년 포르투갈은 스페인의 과거 왕국 중 하나인 카스티야로부터 독립했지만, 안정적인 지위를 구축하지 못했다. 언제든지 카스티야의 침공을 받아도 이상하지 않을 상황이었다. 실제로 1383년 포르투갈에서 왕위 계승을 둘러싸고 민중 봉기가 일어났을 때 카스티야는 포르투갈을 공격하고 있었다. 이때 영국의 도움을 받은 포르투갈은 기사단장 주앙 1세의 활약으로 카스티야를 물리칠 수 있었다. 주앙 1세는 왕으로 즉위하여 가까스로 반란을 수습했다. 이러한 배경에서 카스티야와 사이가 좋지 않았던 포르투갈은 해외로 눈을 돌릴 수밖에 없었다.

세계사의 전개

환상의 나라를 꿈꾸었던 엔히크 항해 왕자

　포르투갈이 해외로 웅비하기 시작한 또 다른 이유는 레콩키스타의 진전이다. 레콩키스타라 불리는 크리스트교 국가들의 국토 회복 운동은 이슬람 최후의 거점 그라나다의 함락으로 1492년에 완료되었다. 사실 1492년에 레콩키스타가 완료되었다는 시각은 스페인(카스티야 왕국)에 해당된다. 포르투갈은 이미 13세기 중반에 종료되었다.

　현재의 스페인과 포르투갈의 국토를 알고 있는 사람들에게는 의외일지도 모르겠지만, 당시 사람들의 입장에서는 레콩키스타가 이베리아반도에서 끝나야 할 이유는 없었다. 과거 이슬람 세력은 해협을 건너 이베리아반도로 진출했다. 마찬가지로 크리스트교 세력도 아프리카와 아시아 지역으로 세력을 신장하려고 했을 것이라는 예상은 무리가 아니다.

　실제로 카스티야의 침공을 막고 왕위에 오른 주앙 1세는 아프리카 서북단의 땅인 세우타를 이슬람 세력으로부터 빼앗았다. 이때 큰 공을 세운 사람이 주앙 1세의 3번째 아들 엔히크이다. 엔히크는 내륙에 존재한다는 전설의 크리스트교 국가를 찾기 위한 탐험과 이슬람 세력으로부터 모로코를 빼앗기 위한 항로 개척 사업 등을 추진했다. 물론 상업적 목적도 분명 있었다.

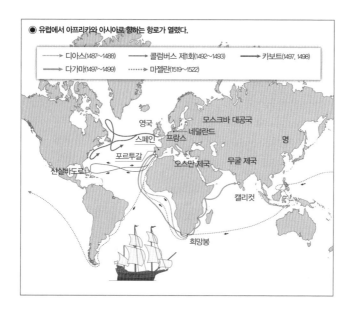

● 유럽에서 아프리카와 아시아로 향하는 항로가 열렸다.

  ·········▶ 디아스(1487~1488)   ──▶ 콜럼버스 제1회(1492~1493)   ──▶ 카보트(1497, 1498)
  ──▶ 다가마(1497~1499)   ·········▶ 마젤란(1519~1522)

영국
모스크바 대공국
네덜란드
스페인   프랑스
포르투갈   명
오스만 제국   무굴 제국
산살바도르
캘리컷
희망봉

적극적인 탐험과 항로 개척을 진행한 엔히크는 언제부턴가 '엔히크 항해 왕자'로 불리게 되었다. 그렇다고는 해도 엔히크가 직접 항해에 나선 것은 아니었다. 탐험가와 항해사에 많은 지원을 하였다. 일설에 의하면 항해 왕자라는 이름에 어울리지 않게 엔히크는 뱃멀미가 심했다고 한다.

점차 넓어지는 항로

엔히크 항해 왕자의 항로 개척에 대한 노력은 사후에 더욱 꽃이 피었다. 1488년 바르톨로메우 디아스가 아프리카 최남단의 곳에 도달한다. 아프리카 남단의 발견은 그곳을 기점으로 아시아 항해 개척의 길이 열렸다는 의미였다. 포르투갈 왕 주앙 2세는 염원을 담아 이 곳의 이름을 '희망봉'이라 붙였다. 엄밀히 이야기하자면 희망봉은 아프리카 최남단이 아니다. 최남단은 희망봉보다 조금 동쪽에 있는 아굴라스 곶이다.

희망봉을 돌아 아시아로 향한 바스쿠 다가마는 1498년 인도의 코지코드에 도달한다. 비록 전설의 크리스트교 국가를 발견하겠다는 목적에는 실패했지만, 포르투갈인이 최초로 아시아로 이어지는 항로를 개척한 것이다.

항로 개척의 라이벌이었던 스페인도 뒤처지지는 않았다. 바스쿠 다가마의 인도 도달에 앞선 1492년, 지동설을 근거로 대서양을 항해하여 아시아에 도착하려고 한 인물이 있었다. 바로 콜럼버스였다.

스페인의 지원을 받은 콜럼버스는 한 달 만에 도착한 땅을 인도라고 믿었고, 그 지역의 원주민을 '인디오'라고 불렀다. 그러나 콜럼버스가 발견한 땅은 인도가 아닌 중미 바하마 군도의 산호초였다. 그는 섬의 이름을 '산살바도르(신성한 구제자)'라 붙였다. 콜럼버스는 큰 기대를 품었지만 개발은 뜻대로 되지 않았다. 현지인 학대와 부정 혐의로 체포되어 스페인에 송환되기에 이르렀다. 4번이나 망망대해로 항해를 떠났던 콜럼버스는 스페인 왕실의 버림을 받아 불행한 가운데 생을 마감했다.

'리우데자네이루'는
선원들이 착각해서 만들어진
지명이라는데?

: 유럽인의 아메리카 진출 :

지명에 관한 수수께끼

스페인과 포르투갈이 이름 붙인 남미의 지명

대항해의 시대를 거치면서 남북 아메리카 대륙의 역사는 크게 변화해 갔다. 유럽인이 진출하여 대륙의 모습을 변화시킨 것이다. 1502년 1월 1일 남미 부근을 항해하던 포르투갈인들은 그날이 1월 1일이었다는 점에서 당시 지나던 강을 '1월의 강'이라고 불렀다.

여기에는 큰 착각이 있었다. 그들이 강이라고 생각한 것은 사실 가늘고 긴 만灣이었다. 이후로 그 만과 주변 동네를 '1월의 강'을 의미하는 '리우데자네이루'라고 불렀다고 한다. 리우데자네이루는 2016년 올림픽 개최지로 최근 주목을 받고 있는 도시이기도 하다.

남미에는 유럽인의 탐험으로 인해 이름 붙여진 지명이 많이 남아 있다. 아르헨티나는 '은銀'을 의미하는 라틴어에서, 에콰도르는 '붉은 길'을 뜻하는 스페인어에서 유래한다.

좀 복잡한 이름 붙이기로는 아르헨티나의 수도 '부에노스아이레스'가 있다. 스페인 사람들은 이 땅을 'Ciudad de la Santísima Trinidad y Puerto de Santa María del Buen Aire'(삼위일체의 도시와 좋은 바람의 성모 마리아 항구)라고 불렀다. 너무나도 긴 이름은 지금 간단히 '부에노스아이레스(좋은 바람)'라는 비교적 간단한 지명이 되었다.

세계사의 전개

세계의 바다를 나눠 가진 포르투갈과 스페인

15~16세기 대항해의 시대에 포르투갈과 스페인은 아시아와 아메리카로 활발한 진출을 하였다. 그 결과 서로 이해관계

가 빈번히 충돌하게 되자 양국은 1493년에 교황 알렉산데르 6세의 중재로 경계를 정하였다. 이듬해에는 중재를 일부 수정하여 토르데시야스 조약을 맺었다.

조약에 따라 경계선의 동쪽은 포르투갈, 서쪽은 스페인의 해역이 되었다. 포르투갈은 주로 아시아 지역으로, 스페인은 아메리카로 진출하게 된 계기다.

단 예외도 있었다. 포르투갈 제독 카브랄이 표착한 브라질은 포르투갈이 점유하였고, 스페인 왕의 원조를 받은 마젤란이 도착한 필리핀은 스페인령이 되었다. 참고로 필리핀이라는 이름은 스페인의 황태자 펠리페 2세에서 유래하였다.

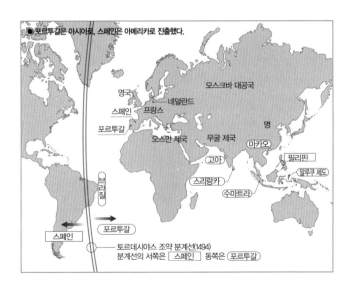

● 포르투갈은 아시아로, 스페인은 아메리카로 진출했다.

토르데시야스 조약 분계선(1494)
분계선의 서쪽은 [스페인] 동쪽은 [포르투갈]

아시아로 진출한 포르투갈은 고아에 인도 총독부를 두고 스리랑카(실론), 수마트라, 말루쿠 제도에 상관을 설치했다. 마카오에도 거점을 구축하는 등 인도양을 지배한 포르투갈은 아시아로부터 향료, 차, 견직물 등을 수입하여 유럽 국가들을 상대로 팔아 큰 부를 획득하였다.

남미를 석권한 스페인

아메리카 대륙은 콜럼버스에 의해 '발견'되었다고 한다. 엄밀한 의미에서는 결코 발견이라 할 수 없다. 아메리카 대륙에는 이미 인류가 살고 있었고, 큰 문명도 존재했기 때문이다.

유럽인에게는 발견과 다름없다고 이야기하는 사람도 있을 테지만, 사실 콜럼버스가 탐험하기 500년 전에 이미 바이킹의 배가 북아메리카에 도달했다. 콜럼버스의 업적은 유럽인에 의한 신대륙의 '재발견'일 뿐이다. 어쨌든 재발견이 있었기에 유럽과 신대륙이 연결되었으며, 십 수년 만에 신대륙의 모습이 크게 변화한 것은 명백한 사실이다.

스페인은 아메리카 대륙을 장악하고자 군대를 파견했다. 1521년 코르테스가 이끌었던 군대는 아스테카 왕국을 무찌르고 멕시코를 정복했다. 1532년에는 피사로가 잉카 제국을 멸망시켰으며 칠레를 정복하여 남미 연안 지역을 지배하에 두었다.

한편 1540년대에 지배하에 있던 남미의 포토시에서 은 광

산이 발견되자, 스페인은 원주민 인디오를 혹사시켜 싼값에
은을 채굴했다. 은광 개발에서 인디오에 대한 비인도적 가혹
행위가 있었고, 성직자 라스카사스에 의해 공개적으로 비난
받기도 했다.

남미로부터 수급된 저렴한 은은 스페인 왕실을 윤택하게 하
고 유럽의 경제를 활성화시켰다. 당시 1세기 동안 유럽의 물가
는 3배나 뛰는 등 '가격 혁명'이 일어났다.

거의 같은 시기에 일본의 이와미 은광에서도 세계 생산량

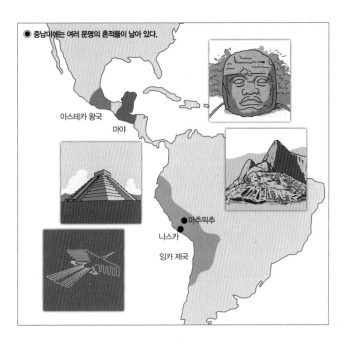

● 중남미에는 여러 문명의 흔적들이 남아 있다.

아스테카 왕국
마야
마추픽추
나스카
잉카 제국

의 30% 정도나 되는 은을 생산했다. 풍부한 산출량을 자랑했
던 일본의 은은 남미의 은과 함께 동아시아, 특히 명나라의 경
제에 큰 변화를 일으켰다.

그 유명한 사람의 이름이 사실은 동네 이름이었다면?

: 르네상스 :

지명에 관한 수수께끼

어린 시절 행복하지 못했던 어느 천재 예술가

르네상스를 대표하는 천재 예술가로 레오나르도 다빈치를 흔히 꼽는다. 그의 이름인 '다빈치'는 원래 지명이었다. 다빈치 의 '다'는 '~출신'이라는 뜻으로, 그의 이름을 해석해 보면 '빈 치 출신인 레오나르도'라는 의미가 된다.

실제로 다빈치는 피렌체 부근에 있는 빈치 마을 출신이었다.

그의 정확한 출생지는 빈치 마을에서도 3㎞ 떨어진 안키아노라는 곳이며, 현재에도 생가가 남아 있다. 그의 아버지 이름은 세르 피에로이다. 따라서 다빈치의 풀 네임은 '레오나르도 디세르 피에로 다 빈치'가 된다. '빈치 출신의 세르 피에로의 아들 레오나르도'인 것이다.

다빈치의 어린 시절과 본명에 불분명한 점이 많은 이유가 있다. 그가 사생아인 데다 부모의 이혼으로 인한 영향이 컸다고 한다. 다빈치는 정규 교육을 받지 못하는 등 불우한 환경에서 자랐다. 하지만 그림과 건축, 음악과 과학 등 다양한 분야에서 남다른 재능을 드러낸 천재 예술가이다. 다빈치가 현재까지도 칭송을 받는다는 사실은 누구나 알고 있다.

세계사의 전개

르네상스의 시작

14세기부터 16세기에 걸쳐 유럽 각지에서는 새로운 예술과 사상의 움직임이 대두되었다. 이러한 움직임을 르네상스라 불렀다. 르네상스는 '재생'을 뜻하는 프랑스어로, '문예 부흥' 등으로 번역되기도 한다.

르네상스는 이탈리아에서 시작되었다. 이탈리아에서 출발

한 이유와 전개에 대해 살펴보자. 르네상스 시작의 계기가 된 사건 중의 하나가 십자군 원정이다. 십자군 원정에 병력과 자재, 선박 등을 제공한 곳은 피사, 베네치아, 제노바 등 북이탈리아 도시였다. 이들 도시는 육로와 해로를 통한 아시아 무역을 장악하여 성장한 덕분에 르네상스를 경제적으로 지지할 힘이 있었다. 앞서 설명한 제4차 십자군 원정이 본래의 목적에서 벗어나 베네치아 상인들에게 필요했던 콘스탄티노플 공략에 뛰어들었다는 점을 떠올려 보았으면 한다.

한편 십자군은 사람과 사물이 동서로 교류하는 계기가 되기도 했다. 아이유브 왕조는 제3차 십자군을 물리치고 성지 예루살렘을 크리스트교로부터 지켜 냈다. 당시 아이유브의 왕 살라딘은 관용을 베풀어 크리스트교도의 성지 순례를 허락하였다. 살라딘왕이 베푼 관용으로 동서 문명의 교류가 지속되었다.

과거 그리스 학문은 알렉산더 제국 시대에 서아시아로 전해졌다. 이슬람 세력에 의해 아라비아어로 번역되었고, 대규모 동서 교류가 일어났을 때는 유럽까지 전해졌다. 특히 1453년에 비잔틴 제국이 멸망하자 많은 학자와 문인들이 이탈리아반도로 이주하였다. 이로 인해 그리스·로마 시대의 고전 문명에 대한 관심이 높아지는 계기가 되었다. 또한 당시 교회에 의한 낡은 도덕관에서 해방되는 데도 도움이 되었다.

위의 여러 과정을 거치면서 이탈리아에서 다채로운 문예 사

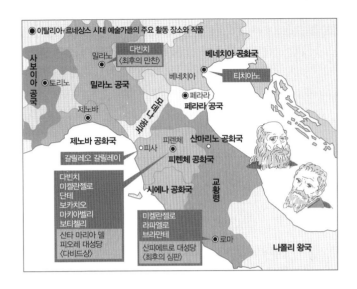

상이 꽃피었다. 문학에서는 단테와 보카치오가 뛰어난 작품을 남겼으며, 르네상스 3대 거장으로 불리는 레오나르도 다빈치, 미켈란젤로, 라파엘로가 동시대에 활약했다.

점차 넓어져 가는 르네상스 세계

중세의 문화는 신과 교회라는 종교적 세계관을 토대로 이루어졌다. 반면 르네상스 시대에는 엄격한 도덕관으로부터 해방된 인간적 감정, 세상을 살아가는 즐거움, 이성을 중시했다.

이탈리아에서 출발한 문예 부흥 운동은 알프스를 넘어 북방의 서유럽 각지로 퍼져 나가 북방 르네상스를 열었다. 네덜란드의 학자 에라스뮈스와 화가 브뤼헐, 독일의 화가 뒤러, 프랑스의 작가 라블레, 스페인의 화가 그레코와 작가 세르반테스, 영국의 정치가 겸 작가 모어 등이 북방 르네상스를 이끌어 나갔다.

르네상스는 문예와 미술 등 예술 분야뿐만 아니라 과학 분야에서도 큰 성과를 거두었다. 몽골 제국의 대상업권 밑에서 '세계 3대 발명'으로 일컬어지는 중국 기술인 화약, 나침반, 활판 인쇄가 전해졌다.

세 기술이 실용화되면서 일약 변화가 일어났다. 화약은 대포 제작 등에 이용되어 당시 전쟁 방식을 변화시켰으며, 나침

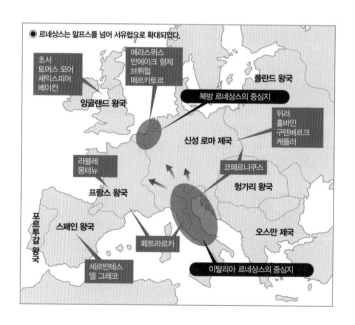

● 르네상스는 알프스를 넘어 서유럽으로 확대되었다.

초서
토머스 모어
셰익스피어
베이컨

잉글랜드 왕국

에라스뮈스
반에이크 형제
브뤼헐
메르카토르

폴란드 왕국

북방 르네상스의 중심지

신성 로마 제국

뒤러
홀바인
구텐베르크
케플러

라블레
몽테뉴

프랑스 왕국

코페르니쿠스

헝가리 왕국

포르투갈 왕국

스페인 왕국

페트라르카

오스만 제국

세르반테스
엘 그레코

이탈리아 르네상스의 중심지

반은 더 넓은 바다의 세계로 이끌어 주었다. 활판 인쇄술의 실용화는 《성경》 인쇄에 활용되어 종교 개혁의 진전으로 이어졌다. 또한 코페르니쿠스가 주장한 지동설은 사람들의 세계관을 크게 변화시켰다.

세계에서 가장 작은 국가는 어디일까?

: 종교 개혁 :

지도에 관한 수수께끼

역사상 중대한 사건의 중심지였던 작은 나라

세계에서 가장 큰 나라는 어디일까? 영토가 넓은 국가로는 캐나다, 중국, 미국 등이 있지만 러시아 연방이 다른 국가들보다 월등이 넓다. 1,700만km^2가 넘는다고 하면 감이 잘 오지 않을 것이다. 좀 더 쉽게 설명하자면 한국보다 약 170배, 미국보다는 약 2배에 가까운 크기이다.

바티칸시티

그럼 세계에서 가장 작은 나라는 어디일까? 서유럽 지역의 소국인 모나코 공국과 산마리노 공화국, 태평양의 섬나라 투발루도 손꼽히는 작은 나라지만, 그보다 훨씬 작은 나라는 바로 바티칸 시국이다. 이탈리아와 로마에 둘러싸인 바티칸 시국의 면적은 0.44㎢라고 하는데, 역시 감이 잘 오지 않는다. 여의도 면적이 2.9㎢라고 하니, 여의도에 바티칸 시국 6개가 들어가도 면적이 남는 정도의 크기라고 하면 짐작이 될지 모르겠다.

바티칸 시국의 원수는 로마 교황으로, 역사상 교황령의 크기는 상당히 넓었다. 프랑크 왕국의 왕 피핀의 기부가 기원인 교황령은 19세기 이탈리아에 빼앗긴 후, 1929년 바티칸 시국으로 부활하여 현재의 모습을 갖추었다. 부활되기까지 이 지역은 십자군과 종교 개혁 등 역사상 중대한 사건의 중심지가 되었다.

세계사의 전개

라파엘로도 종교 개혁에 관여했던 것일까

바티칸의 중심은 산피에트로 대성당이었다. 현재의 대성당은 르네상스 시대에 건축된 것이다. 초대 건축 책임자였던 브라만테가 죽자 먼 친척이면서 르네상스 3대 거장 중 한 명인 라파엘로가 2대 건축 책임자가 되었다. 라파엘로가 맡은 대성당의 건축 비용은 로마 교황 레오 10세가 판매한 '구입하기만 하면 죄를 용서받는다는 면죄부'로 충당되었다.

그때 한 사건이 일어난다. 독일 신학자 마틴 루터가 95개의 논제를 발표하여 교회의 자세를 격렬히 비난했다. 루터는 면죄부 판매를 문제시했는데, 영혼은 크리스트교 복음에 대한 믿음만으로 구제받을 수 있다는 주장이었다.

루터의 주장은 독일 각지로 퍼져 나갔다. 당시 이미 실용화된 인쇄술의 영향도 상당히 컸다. 이것이 종교 개혁의 발단이다. 그 후 루터는 교황으로부터 파문을 당하지만, 자신의 주장을 굽히지 않고 독일어로《성경》을 번역하는 작업에 주력하였다. 그리하여 일반 민중이 크리스트교의 가르침을 직접 접하는 것이 가능해졌다. 독일에서는 종교 개혁이 농민 봉기 등 과격한 방향으로 발전하였다.

곧 아우크스부르크 종교 화의가 맺어져 제후들은 가톨릭과 루터파 중 하나를 선택하는 것이 가능했다. 서민들은 제후가 선택한 종파를 따르게 되어 있어 개개인이 신앙의 자유를 누리는 것은 인정되지 않았다. 하지만 루터의 새로운 종파가 공식적으로 인정받은 것은 의미 있는 일이라 할 수 있다. 종교 개혁의 결과로 새롭게 태어난 종파를 프로테스탄트, 즉 신교라 불렀다.

유럽을 변화시킨 종교 개혁

종교 개혁이라는 큰 파도는 독일뿐만 아니라 북유럽 각지로 퍼져 새로운 유럽을 만드는 원동력이 되었다. 스위스의 츠빙글리와 프랑스의 칼뱅이 개혁을 이끌었고, 프로테스탄트는 유럽에서 무시하지 못할 세력으로 성장했다.

유럽 국가와는 달리 영국에서는 예상 밖의 형태로 종교 개혁이 진행되었다. 계기는 국왕 헨리 8세의 이혼 문제였다. 헨리 8세는 이혼을 인정하지 않는 가톨릭 교황에 대항하기 위해 국왕이 수장이 되는 영국 국교회를 창설했다.

1553년 헨리 8세와 전처 사이에서 태어난 딸 메리 1세가 왕위에 올라 다시 가톨릭을 부활시켰다. 메리 1세는 가톨릭 신자인 스페인 황태자 펠리페 2세와 결혼한 후 수백만 명의 영국 국교도를 살해했다. '피의 메리Bloody Mary'라 불렸던 그녀는 즉위 5년 만에 죽었다. 그 후 후처의 딸 엘리자베스 1세가 즉위하면서 헨리 8세가 설립한 영국 국교회는 다시 확립되었다.

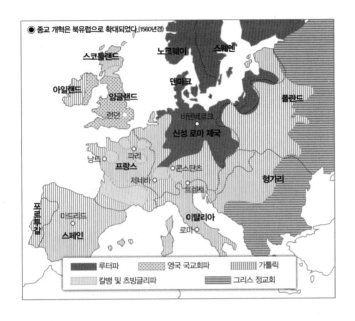

● 종교 개혁은 북유럽으로 확대되었다.(1560년경)

스코틀랜드
아일랜드
잉글랜드
런던
노르웨이
스웨덴
덴마크
폴란드
비텐베르크
신성 로마 제국
낭트
파리
프랑스
제네바
콘스탄츠
헝가리
트렌트
포르투갈
마드리드
스페인
이탈리아
로마

루터파 | 영국 국교회파 | 가톨릭
칼뱅 및 츠빙글리파 | 그리스 정교회

가톨릭 측에서도 체제를 확립하고자 대항 종교 개혁이라는 움직임이 일어났다. 수도사 로욜라가 다른 6명의 신자와 함께 예수회를 결성하여 해외로 적극적인 포교 활동을 하는 등 가톨릭 세력의 확대에 공헌하였다. 예수회 멤버 중 한 명으로 아시아 지역 포교를 위해 노력했던 프란시스코 사비에르라는 인물이 있다. 그가 바로 일본에 처음으로 크리스트교를 전도한 선교사이다.

23

월드컵에 영국만 4개 팀이나 출전하는 이유는?

: 엘리자베스 시대와 영국 혁명 :

지도에 관한 수수께끼

5개 지역으로 나뉜 영국

많은 사람들이 이상하게 생각하는 월드컵 출전국이 있다. 바로 영국인데, 영국만 잉글랜드, 스코틀랜드, 웨일즈, 북아일랜드 등 4개의 팀이 월드컵에 출전한다. 월드컵 출전은 국가 단위가 아니라, 각국의 축구 협회 단위로 정해지기 때문이다. 물론 보통은 1국 1협회가 원칙이지만, 영국은 축구의 모국이라

● 영국은 과거 5개 지역으로 나뉘어 있었다.

스코틀랜드

북아일랜드

더블린 ●
아일랜드

웨일즈

잉글랜드

런던 ●

는 이유에서 특별히 4개 지역의 축구 협회가 각각 국제축구연맹에 가입하는 것이 허용되고 있다고 한다.

역사적으로 영국은 4개의 지역으로 이루어져 있다. 현재는 다른 국가가 된 아일랜드까지 포함하면 5개의 지역이다. 영국의 정식 명칭은 '그레이트브리튼과 북아일랜드 연합 왕국United Kingdom of Great Britain and Northern Ireland'으로, '영국'은 포르투갈 사람들이 잉글랜드 지역을 불렀던 이름에서 유래했다.

5개 지역 중 웨일즈는 이미 13세기에 잉글랜드에 합병되었다. 여기서는 스코틀랜드와 아일랜드에 대해 엘리자베스 1세 시대부터 명예혁명까지의 영국 역사와 함께 살펴보도록 하자.

세계사의 전개

2명의 메리와 싸웠던 엘리자베스 1세

엘리자베스 1세는 역사적으로 유명한 2명의 메리에게 괴롭힘을 당했다. 한 명은 앞서 언급한 이복 언니 '블러디 메리'인 메리 1세이다. 그녀가 여왕의 자리에 있었던 시절, 엘리자베스 1세는 런던탑에 유폐당했다. 나머지 한 명은 사촌인 스코틀랜드 여왕 메리 스튜어트이다. 그녀는 스코틀랜드에서 일어난 반란으로 왕의 자리에서 물러난 후에도 잉글랜드의 왕위를 둘러싸고 엘리자베스 1세와 대립했다. 최종적으로 그녀는 여왕 암살 미수에 연루되어 사형에 처해졌다.

두 명의 메리가 죽은 후에도 엘리자베스 1세는 그녀들의 지원자였던 남자들에 의해 계속해서 시달렸다. 마치 메리 2명의 망령과도 같았다. 그 남성들 중 한 명은 메리 1세의 남편인 스페인 왕 펠리페 2세였다. 그는 가톨릭 신자였던 두 메리를 음으로 양으로 지원했고, 영국에 가톨릭교를 부활시키고자 노력했다. 그러나 메리 스튜어트의 죽음으로 꿈이 허상으로 끝

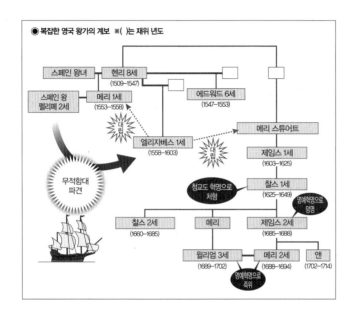

●복잡한 영국 왕가의 계보 ※( )는 재위 년도

스페인 왕녀 — 헨리 8세 (1509~1547)

스페인 왕 펠리페 2세 — 메리 1세 (1553~1558)

에드워드 6세 (1547~1553)

대립

엘리자베스 1세 (1558~1603)

대립

메리 스튜어트

제임스 1세 (1603~1625)

무적함대 파견

청교도 혁명으로 처형

찰스 1세 (1625~1649)

명예혁명으로 망명

찰스 2세 (1660~1685)

메리

제임스 2세 (1685~1688)

윌리엄 3세 (1689~1702) — 메리 2세 (1688~1694)

앤 (1702~1714)

명예혁명으로 즉위

나자, 그는 네덜란드의 독립 문제를 핑계 삼아 영국에 군대를 보냈다. 무적함대로 불리는 최고의 함대를 파견하기도 했다.

영국은 아르마다 전쟁이라고 불리는 전쟁에서 승리를 거두었고, 엘리자베스 1세는 오랫동안 왕위를 유지할 수 있었다. 평생 독신으로 지냈던 그녀는 후계자가 없었다. 그녀가 죽은 후 영국의 왕이 된 사람은 스코틀랜드 왕인 제임스 1세로, 메리 스튜어트의 아들이었다. 제임스 1세와 그의 아들 찰스 1세의 시대에는 스코틀랜드와 잉글랜드가 같은 왕 아래에서 통합되었지만, 양국의 대립은 심각했다.

영국에서 일어난 혁명들 : 퓨리턴 혁명과 명예혁명

메리 스튜어트의 손자인 찰스 1세 시대에 큰 사건이 일어났다. 왕의 전제 정치 강화와 그에 대한 반발이 왕당파와 의회파에 의한 내전으로 번지게 된 것이다. 그 결과 찰스 1세는 처형당하고 공화정이 성립되었다. 이 사건은 중심에서 활동한 칼뱅파 신교도의 이름을 따서 퓨리턴 혁명, 즉 청교도 혁명이라고 부른다.

혁명 후 정치적 실권을 잡게 된 크롬웰은 군사 독재를 강행하고, 스코틀랜드와 아일랜드를 정복하였다. 크롬웰의 군사 독재 체제는 국내에 불만을 불러일으켰다. 크롬웰이 죽은 후 혁명으로 처형된 찰스 1세의 아들인 찰스 2세가 왕위에 올라 왕정복고를 이룬다.

찰스 2세와 뒤를 이어 왕위에 오른 동생 제임스 2세는 전제 정치를 지향하여 의회로부터 반발을 샀다. 영국 국민들이 네덜란드로부터 제임스 2세의 딸 메리 2세와 그녀의 남편 윌리엄 3세를 맞이하자, 제임스 2세는 프랑스로의 망명을 선택했다. 결국 윌리엄 3세와 메리 2세는 피를 흘리지 않고 공동으로 영국 왕이 되었다. 이러한 일련의 사건을 명예혁명이라고 부른다.

윌리엄 3세와 메리 2세가 죽은 후 메리 2세의 여동생인 앤이 여왕으로 취임했다. 앤 여왕 시대에 스코틀랜드는 정식으로 잉글랜드와 합병되었다.

한편 가톨릭이 대다수였던 아일랜드는 크롬웰 시대 이후에 잉글랜드 식민지가 되었고, 20세기에 아일랜드 남서부는 독립했다.

24

일본에서 네덜란드를 '오란다'라고 부르는 이유는?

: 합스부르크가와 네덜란드의 대립 :

지명에 관한 수수께끼

정식 명칭은 '낮은 땅'

앞에서 영어와 일본어의 이름 표기가 다른 국가가 있다고 소개했다. 네덜란드의 표기 역시 영어와 일본어가 다르다. 영어의 정식 명칭 표기는 'Kingdom of the Netherlands'이다. 네덜란드는 '낮은 땅'이라는 뜻으로, 국토의 4분의 1이 바다 아래에 있는 지형적 특징과도 어울리는 이름이다. 그런데 일본어 표기는 '오란다 왕국'이다. 영어와 일본어의 표기법이 다른 이유는 무엇일까?

네덜란드는 잘 알려진 영어 표기 외에 '홀란드Holland'라고 도 부른다. 홀란드는 암스테르담과 헤이그 등 지금의 네덜란 드 중심지를 지칭하는 '북홀란트, 남홀란트'로부터 유래하는 국명이다.

한편 전국 시대부터 에도 시대 초기에 걸쳐 일본과의 통상 을 주도한 포르투갈인은 경쟁 상대로 여겼던 네덜란드를 '홀 란드'라고 불렀다. 이에 일본에서는 '오란다'라는 명칭이 일반 화되었다고 한다.

세계사의 전개

유럽에 군림한 화려한 일족

신성 로마 제국(독일)은 여러 국가의 조합이었고, 황제의 권 한도 제한적이었다. 그러다 신성 로마 제국에서도 황제의 지 위를 세습하는 일가가 나타났다. 바로 오스트리아의 합스부 르크가이다. 당시 합스부르크가가 큰 권력을 쥔 것은 사실이 나, 독일은 여전히 여러 국가로 분리되어 분권 상태에 있었다.

합스부르크가는 자신만의 방법으로 일가의 영토를 늘려 나갔다. 그 방법은 혼인 정책이었다. 1477년 합스부르크가는 부르고뉴 공국의 딸 마리를 며느리로 맞이했다. 그녀가 아버지로부터 상속받은 부르고뉴 공국인 네덜란드 지방(현재의 네덜란드와 벨기에 주변 지역)과 프랑스 일부 지역은 합스부르크가의 땅이 되었다.

15세기 말에는 스페인 왕가와도 혼인을 맺었다. 합스부르크 가문 출신인 필리프와 스페인 왕녀 사이에 태어난 카를 5세는 스페인 왕가를 계승하면서 신성 로마 제국의 황제에 임명되기에 이른다. 다시 말해 합스부르크 가문은 오스트리아, 네덜란드, 스페인 등을 영유하였으며, 신성 로마 제국 황제로서 독일 제후들의 우위에 서게 되었다.

카를 5세가 죽은 후 합스부르크가는 오스트리아계와 스페인계로 나뉘었고, 각국은 다른 왕이 즉위하게 되었다. 카를 5세의 아들이면서 스페인계를 상속한 펠리페 2세는 앞서 언급한 영국의 메리 1세와 결혼한 스페인 왕이다.

네덜란드의 독립과 에도 막부

합스부르크가가 혼인 정책으로 얻은 네덜란드 북부 지역은 칼뱅파 신교도가 많은 지역이었다. 그런데도 이곳을 차지한 사람은 가톨릭 신자인 스페인 왕 펠리페 2세였다. 그가 이곳을 가톨릭화하고 무거운 세금을 부과하는 등 강제로 중앙 집권화하려고 하자 격렬한 반란이 일어났다.

가톨릭 신자가 많은 남부는 스페인의 지배하에 머물렀으나, 북부는 1581년에 독립을 선언하고 네덜란드 연방 공화국이라 칭하였다. 그 후 당분간은 잦은 독립 전쟁이 계속되었다. 스페인은 독립 지원군이었던 영국에 무적함대를 파견했으나 패배했다. 1609년 휴전 조약 체결로 네덜란드의 독립은 사실상 인정되었지만, 정식 독립은 1648년 베스트팔렌 조약 체결까지 기다려야 했다.

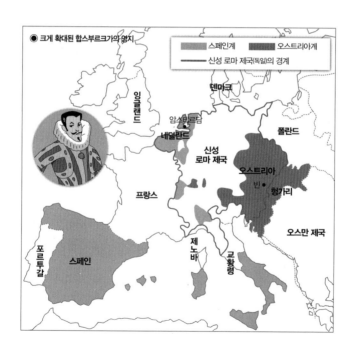

정식 독립되기까지 힘든 세월을 보낸 네덜란드는 경제적으로 발전을 이루었다. 독립 선언 후 남부로부터 모직물 산업 종사자와 상인들이 이주해 왔고, 아메리카 대륙과의 무역을 통해 경제적인 번영의 기초를 쌓았다. 1602년에는 동인도 회사가 설립되어 아시아 무역의 지배권을 포르투갈로부터 빼앗는 등 유럽 제일의 무역국으로 변모해 갔다.

한편 해당 시기 일본은 에도 막부에 의한 통일의 길에 다다르고 있었다. 전국 시대의 패권을 잡은 도쿠가와 에도 막부는 유럽 국가 중에서 유일한 무역 상대로 네덜란드를 선택하였다. 그 이유는 첫째, 당시 네덜란드가 보유한 우수한 해군력이었다. 둘째, 스페인과 포르투갈은 포교를 지향했지만, 네덜란드는 '경제는 경제'라고 외치며 무역과 종교를 딱 잘라 나누었기 때문이다. 에도 막부는 크리스트교 신앙을 금지하였다.

25

지브롤터는
왜 영국령이 되었나?

: 부르봉가와 루이 14세의 시대 :

지도에 관한 수수께끼

이베리아반도에는 몇 개의 나라가 있을까?

이베리아반도에는 포르투갈과 스페인만 있다고 생각하기 쉽다. 사실 2개의 국가가 더 존재한다. 하나는 피레네산맥 안쪽에 있는 안도라 공국이다. 원래는 스페인 우르헬 교구의 주교와 푸아 백작이 공동 영주였던 자치령이었다. 얼마 후 푸아 백작계인 앙리 4세가 프랑스 왕이 되자 우르헬 주교와 프랑스가

이베리아반도의 국가

안도라 공국

포르투갈

스페인

지브롤터

공동으로 통치하는 땅이 되었다. 세월이 흘러 1993년에 국가로 독립했고, 우르헬 주교와 프랑스 대통령이 공동 원수가 되었다.

다른 하나는 아프리카와 유럽이 마주 보고 있는 장소인 지브롤터이다. 지브롤터는 영국령으로, 과거 스페인의 왕위 계승 문제를 둘러싸고 프랑스와 영국이 전쟁을 일으킨 곳이다(스페인 계승 전쟁). 그때 승리에 대한 보상으로 영국이 얻은 영토 중 하나가 지중해 서쪽 입구에 있는 지브롤터인데, 현재까지도 영국령으로 이어지고 있다.

참고로 지브롤터와 마주 보는 북아프리카의 세우타는 과거 포르투갈의 일시적 점령 시기를 거쳐 1580년 정식으로 스페인 영토가 되어 현재까지 이어졌다. 이처럼 세계 각지에는 역사적인 이유로 본토에서 떨어진 지역의 영토가 현재까지도 존재하고 있다.

세계사의 전개

앙리 4세와 30년 전쟁

합스부르크가에 필적할 만한 또 하나의 유럽 명가문으로 프랑스의 부르봉가를 든다. 부르봉 왕조의 창시자인 앙리 4세는 안도라 영주가 된 최초의 프랑스 왕이기도 하다. 그의 인생은 가톨릭과 프로테스탄트 갈등의 중심에 있었다고 할 수 있다.

앙리 4세가 살았던 16세기의 프랑스는 신구 크리스트교도가 격렬하게 싸웠던 위그노 전쟁(1562~1598)의 소용돌이 속에 있었다. 원래 신교도였던 그는 왕이 되기 전에 구교도와의 융합을 목적으로 구교도인 프랑스 왕의 여동생과 결혼했다. 그러나 결혼식 직후 축하객으로 온 신교도의 대부분이 살해당하는 '성 바르톨로메오 축일의 학살'이 일어나는 등 싸움은 계속되었다. 그러는 사이 자식이 없었던 앙리 3세의 뒤를 이어 앙리 4세가 취임하였다. 그는 1598년 위그노로 불렸던 신교도에게 대폭적으로 종교의 자유를 주는 낭트 칙령을 발표, 위그노 전쟁을 종료시켰다.

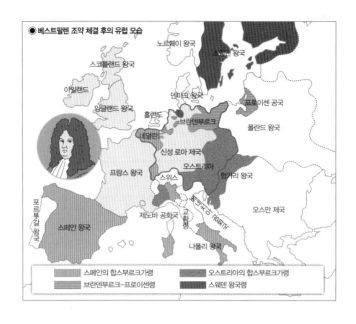

● 베스트팔렌 조약 체결 후의 유럽 모습

노르웨이 왕국
스웨덴 왕국
스코틀랜드 왕국
아일랜드
덴마크 왕국
잉글랜드 왕국
프로이센 공국
홀란트
브란덴부르크
폴란드 왕국
네덜란드
신성 로마 제국
프랑스 왕국
오스트리아
스위스
헝가리 왕국
오스만 제국
포르투갈 왕국
제노바 공화국
교황령
스페인 왕국
나폴리 왕국

스페인의 합스부르크가령   오스트리아의 합스부르크가령
브란덴부르크-프로이센령   스웨덴 왕국령

앙리 4세의 사후에도 신교도와 구교도의 싸움은 계속되었다. 급기야 합스부르크가와 부르봉가의 싸움으로까지 번졌다. 이른바 30년 전쟁이다. 30년 전쟁은 처음에는 구교도인 합스부르크가와 스페인 대 신교도인 보헤미아와 덴마크, 스웨덴과의 싸움이었다. 하지만 구교를 믿는 프랑스가 덴마크를 지원하는 등 종파를 넘어서기에 이르렀다.

결국 베스트팔렌 조약 체결로 칼뱅파를 승인하고 네덜란드의 독립을 인정하였다. 또한 독일(신성 로마 제국) 제후들의 주권을 인정하여 황제의 권력은 없는 것과 마찬가지가 되면서 신성 로마 제국은 사실상 붕괴에 이르게 되었다.

루이 14세의 정치

30년 전쟁이 한창인 당시 왕위에 오른 루이 14세는 유럽 대륙의 패권을 장악했다. 어린 나이에 즉위한 그는 성인이 되자 재상제를 폐지하고 친정親政을 선언했다. 그의 체제하에서 일어난 3가지 주요 사업에 대해 살펴보자.

첫 번째로 베르사유 궁전으로 대표되는 토목 건설 사업이다. 바로크 건축의 정수를 모은 베르사유 궁전은 부르봉 왕조의 번영의 상징이기도 하다.

다음은 계속되었던 침략 전쟁이다. 프랑스는 남네덜란드 계승 전쟁, 네덜란드 전쟁, 팔츠 전쟁 등을 일으켰다. 아울러 영국, 합스부르크가와도 전쟁을 하였다. 프랑스는 많은 전쟁을 치렀지만 큰 성과는 거두지 못했다.

스페인에서 합스부르크가의 가문이 단절되자 루이 14세는 손자를 스페인 왕위에 올리려고 했다. 그에 반기를 든 합스부르크가와 영국, 네덜란드와 교전하게 된다(스페인 계승 전쟁).

1713년 스페인과 프랑스가 합병하지 않는 것을 조건으로 하는 위트레흐트 조약이 체결되면서 루이 14세의 손자 펠리페 5세가 스페인의 왕이 되었다. 영국은 이 조약으로 앞서 이야기한 지브롤터 등을 획득했다.

종교 정책에서는 낭트 칙령을 폐지(퐁텐블로 칙령, 1685년)하고 신교도를 박해한 점에 주목할 필요가 있다. 신교도인 위그노는 외국으로 대거 망명하였다.

루이 14세 통치 시기에 전쟁 비용과 토목 공사비로 국민은 무거운 세금에 허덕였다. 위그노의 망명은 상공업 쇠퇴로 이어졌다. 강력한 왕권을 자랑한 '태양왕 루이 14세' 집권 시기의 부르봉 왕조는 확실히 세력이 약화되기 시작했다.

제5장

산업 혁명과
시민 혁명을 거쳐
변화하는 세계

중동, 근동, 극동의 기준이 되는 곳은?

: 영국의 산업 혁명 :

지명에 관한 수수께끼

세계를 석권한 서구 세계

'중동, 근동, 극동'은 어느 곳을 기준으로 가깝거나 먼 곳을 나타내는 것일까? 정답은 유럽 중에서도 영국이다. 산업 혁명을 거치면서 유럽, 특히 영국은 다른 지역에 비해 압도적인 성장을 이루었다. 이런 이유로 세계 공동 시각이 영국의 그리니치 천문대를 통과하는 자오선을 기준으로 삼은 것처럼 지명과 지역의 기준이 영국이 된 경우가 많다.

'근동'은 유럽에 가까운 터키와 이집트 등의 지역을, '중동' 은 그보다 조금 먼 아라비아반도와 이란을 가리킨다. 단, 이러한 용어들이 지칭하는 범위는 정확히 정해진 것은 아니며, 상황에 따라 구분해서 쓰인다. 두 지역을 합해 '중근동'이라고 부르는 경우도 많이 있다. '극동'은 한반도와 일본, 중국 동부를 가리킨다. 참고로 당시 인도는 영국의 식민지였기 때문에 특별히 가리키는 용어는 없다.

여기서 이야기하는 '동'은 유럽의 동쪽에 위치하고 있다는 의미로, '아시아'에 가깝다. 아시아의 어원은 페니키아어의 '동'에서 유래되었고, 점차 범위가 넓어져 가고 있다는 것은 앞서 언급하였다. '~동'이라는 말은 유럽을 기준으로 동쪽 방향으로 가까운 곳에서 점차 멀어지는 이미지를 떠올리면 좋을 것이다.

세계사의 전개

다른 나라들보다 먼저 산업 혁명에 성공한 영국

18세기 중반 이후 영국에서 최초로 산업 혁명이 시작되었다. 왜 영국에서 가장 먼저 산업 혁명이 일어났을까? 영국은 이미 18세기 초부터 산업 혁명이 일어날 자질을 갖추었기 때문이다.

다음에 자세히 설명하겠지만, 영국은 프렌치·인디언 전쟁 등에서 승리하여 해외에 많은 시장을 확보하였다. 즉, 수공업 제품의 판로를 가지게 된 것이다. 또한 식량 부족에 대처하기 위해 정부의 장려로 대지주가 대규모 농지를 확보하는 '인클로저enclosure'가 활발하였다. 토지를 잃은 농민들은 노동자로 전락하여 농장과 공장에서 노동력을 팔아야 했다.

그 외에도 영국의 모직물 사업에서 자본가가 공장을 설립하고 노동자를 모아 분업에 의해 생산하는 '공장제 수공업'이 빠르게 정착하고 있었다. 한마디로 기구를 사용하는 공장이 이미 존재했던 것이다.

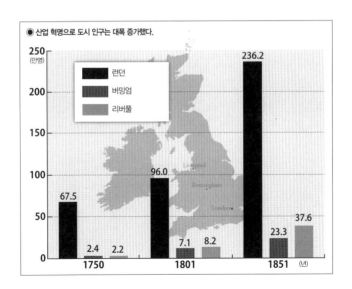

● 산업 혁명으로 도시 인구는 대폭 증가했다.

영국에는 산업 혁명의 기본 자질인 공장과 직조 기술, 노동자, 생산품의 판로가 이미 갖춰져 있었다. 대서양 시장에 다량으로 수출하는 면포의 생산에서 생산 혁명이 이루어졌고, 기계가 도입되어 생산이 일거에 확대되었다. 수작업으로 이루어졌던 방직 분야부터 기계의 도입이 시작되었다.

불우한 생을 보냈던 산업 혁명의 선구자들

아버지가 운영하는 양모 공장에서 일했던 존 케이는 발명을 좋아했다. 그는 3배나 생산력을 높여 주는 '플라잉 셔틀flying shuttle'을 발명하여 1733년에 특허를 취득했다. 플라잉 셔틀 발명으로 존 케이는 자신의 성공을 확신했지만, 실제로는 실업을 두려워한 직물공의 반발과 폭도들의 공격을 받아 마지막에는 도망치듯 넘어간 프랑스에서 객사했다.

모직물 생산에 사용되었던 플라잉 셔틀이 1760년대에는 무명 생산에 도입되면서 재료인 면사가 대량으로 부족해졌다. 면사 부족이 발명의 원동력이 되어 1764년 이후 하그리브스의 다축 방적기, 아크라이트의 수력 방적기, 크럼프턴의 뮬 방적기 등이 계속해서 발명되었다.

면사의 대량 생산과 함께 카트라이트가 발명한 역직기로 직물 생산율이 대폭 향상되었다. 결과적으로 직물 업계 전체가 큰 성장을 이루었다. 경영에 재능이 있었던 아크라이트는 대규모 공장 경영에 성공하여 귀족의 반열에 올랐다.

한편 하그리브스와 카트라이트 등은 실업을 우려한 직원들로부터 피습을 당하기도 하였다. 크럼프턴은 다른 발명을 통합한 것에 불과하다고 생각하여 특허 신청을 하지 않아서 발명에 의한 혜택을 보지 못한 채 생을 마감했다. 후세에 이름을 남긴 이 발명가들은 살아 있는 동안은 상당히 불우했다.

곧이어 제임스 와트가 효율적인 증기 기관을 개발하여 특허를 받았다. 사람과 동물의 힘, 수력 외에 화석 연료를 사용하게 된 것이다. 증기 기관은 증기 기관차와 증기선에도 이용되면서 세계가 급격히 좁아지는 교통 혁명을 경험하게 되었다.

산업 혁명은 1830년대에 다른 국가와 지역으로 퍼져 나갔다. 가장 먼저 산업 혁명을 경험한 영국은 '세계의 공장'으로 다른 국가들보다 빠른 성장을 이루었다. 물론 산업 혁명으로 인해 노동 문제, 사회 문제, 공해 등 여러 문제들이 발생하였다는 사실도 기억해 둘 필요가 있다.

27

북아메리카는 왜
영국의 식민지가 되었을까?

: 7년 전쟁과 프렌치·인디언 전쟁 :

지도에 관한 수수께끼

북미에서는 콜럼버스의 영향력이 크지 않았나?

신대륙에 최초로 진출한 국가는 스페인이다. 그런데도 북아메리카가 영국의 식민지가 된 이유는 무엇일까?

콜럼버스가 아메리카 대륙에 도착하고 5년이 지난 후 영국 왕실의 지원을 받은 캐벗이라는 인물이 북아메리카 항해에 성공했다. 이후 북아메리카를 두고 영국, 프랑스, 스페인

이 겨뤘던 영토 분쟁에서 영국이 프랑스와 스페인을 제압하는 데 성공했다.

아메리카라는 지명은 이탈리아의 피렌체 출신 탐험가인 아메리고 베스푸치의 이름에서 유래되었다. 최초 발견자인 콜럼버스가 아니라 아메리고 베스푸치의 이름이 역사에 남은 이유는 무엇일까? 콜럼버스는 죽을 때까지 이 땅을 인도라고 생각했지만, 반면 베스푸치는 발견되지 않은 신대륙이라 주장했기 때문이다.

그렇다면 콜럼버스의 이름은 어디에도 남아 있지 않는 것일까? 그렇지는 않다. 남아메리카의 콜롬비아, 콜롬비아에 있는 산의 이름인 크리스토발 콜론, 아메리카 합중국의 수도 워싱턴 D.C.(District of Columbia) 등에 그의 이름이 남아 있다.

세계사의 전개

세계 역사를 크게 바꾼 7년 전쟁

신성 로마 제국의 황제 카를 6세에게는 고민이 있었다. 그는 합스부르크가의 수장으로, 오스트리아의 영토를 최대 규모로 확보하는 등 좋은 일도 있었지만, 후계자 문제가 잘 풀리지 않았다. 카를 6세의 외동아들이 죽으면서 남은 자식은 딸뿐이었다. 가문의 전통 관습으로 내려오던 영토 불분할과 남자 상속 등의 원칙을 거스르는 것은 다소 어려운 문제였다. 고심 끝에 카를 6세는 관습을 뒤집고 딸인 마리아 테레지아에게 상속을 선언했다.

우여곡절을 거듭하며 왕위 계승 문제에 결론을 맺은 카를 6세는 1740년에 생을 마감했다. 예정대로 마리아 테레지아가 합스부르크가를 계승하였다. 그러나 딸에 의한 왕위 계승 문제를 둘러싸고 독일 제후들이 반발했다. 남자 상속이 이어지지 않은 점에 문제를 제기한 반대파의 대표인 프로이센의 왕 프리드리히 2세가 스페인, 프랑스 등과 연합하여 전쟁을 선언하면서 오스트리아 계승 전쟁이 일어났다.

전쟁의 결과로 마리아 테레지아의 합스부르크가 계승은 인정받았지만, 공업과 광업이 번성한 슐레지엔 지역을 프로이센에게 빼앗기고 말았다. 화가 난 마리아 테레지아는 지금까지

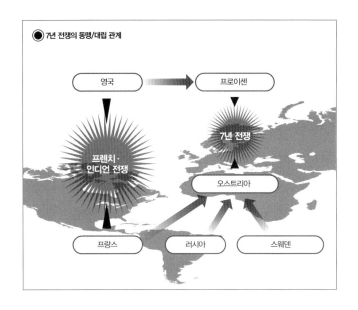

의 외교 방침을 뒤엎고 라이벌인 프랑스와 동맹을 맺었다. 러시아와도 손을 잡아 프로이센에 대한 포위망을 만들었다. 고립된 프로이센이 영국을 같은 편으로 하여 선제공격에 나서면서 7년 전쟁이 시작된 것이다.

프로이센을 구한 북아메리카

선제공격에 나선 프로이센은 고전을 면치 못했다. 오스트리아와 러시아의 공격으로 수도 베를린은 함락 직전까지 가기도 했다. 그때 마리아 테레지아와 연합군을 이루었던 러시아의 여왕 옐리자베타가 죽었다. 뒤를 이어 프로이센의 왕 프리드리히 2세를 숭배하는 표트르 3세가 후계자의 지위에 올랐고, 러시아 군대는 전쟁에서 물러났다.

오스트리아와 프로이센을 사이에 두고 7년 전쟁을 치르고 있던 영국과 프랑스는 같은 시기에 북아메리카 식민지를 차지하기 위해 전쟁을 벌이는 중이었다. 바로 프렌치·인디언 전쟁이다. 이 전쟁에서 영국은 프랑스에 압승하여 북아메리카로 영역을 확장해 나갔다.

러시아 군대가 물러나고, 북아메리카에서 영국이 승리한 것이 프로이센에게 순풍으로 작용했다. 1763년 강화 조약이 체결되어 프로이센의 슐레지엔 지배가 인정되었다. 마리아 테레

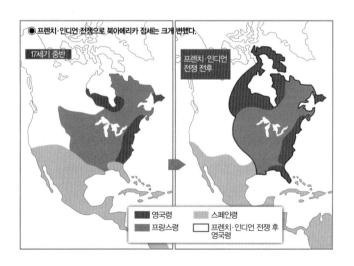

● 프렌치·인디언 전쟁으로 북아메리카 정세는 크게 변했다.

17세기 중반

프렌치·인디언 전쟁 전후

영국령
프랑스령
스페인령
프렌치·인디언 전쟁 후 영국령

지아의 염원은 이루어지지 못한 채로 7년 전쟁은 끝을 맺었다.

7년 전쟁과 프렌치·인디언 전쟁은 역사에 큰 영향을 끼쳤다. 최악의 위기를 모면하고 유리한 강화 조약을 맺은 프로이센은 국제 사회에서 강한 입지를 구축하였고, 영국은 북아메리카에서 지배적 지위를 확립하였다.

전쟁을 치르다 영국과 프랑스가 큰 재정 부담을 지게 된 것도 중요한 포인트이다. 영국과 프랑스는 자국과 식민지 국가에 가중한 세금 부담을 떠넘겼다. 결국 아메리카 독립 전쟁과 프랑스 혁명의 원인이 되고 만 것이다.

28

미국의 주 경계선은 왜 직선과 곡선으로 나뉘어 있을까?

: 미국의 독립 혁명 :

지도에 관한 수수께끼

우여곡절을 거쳐 현재의 모습이 된 아메리카

미국 지도를 살펴보면 주의 경계가 직선인 곳과 곡선인 곳이 있다는 것을 발견하게 된다. 전부 직선이라면 분명 인공적으로 만들어진 경계라고 생각하겠지만, 곡선 경계도 있어 왠지 자연 발생적으로 생겨나지 않았을까 하는 생각이 든다.

의문을 풀기 위해 한 장의 지도를 더 살펴보자. 미국 주의 내

力에 관한 지도이다. 188페이지 지도를 보면 알래스카와 하와이를 제외한 48개 주 중 독립 당시의 영토는 동쪽의 극히 일부 지역에 불과하다. 그 외 지역은 영국과 프랑스, 스페인, 멕시코 등의 지배지였던 것이 확인된다.

주 경계가 곡선인 곳 역시 다른 나라의 지배를 받던 경계선인 경우가 많다. 미국의 주 경계선은 지리적 조건과 역학 관계로 생겨난 자연 발생적 경계와 인공적으로 만들어진 경계가 혼재하고 있어서 직선과 곡선이 같이 존재하는 것이다.

세계사의 전개

전쟁 비용을 식민지에 전가한 영국

7년 전쟁과 프렌치·인디언 전쟁을 치르면서 심각한 재정난에 빠진 영국은 북아메리카 식민지에 과세하여 수입을 증가시키려 했다. 영국은 설탕 등의 품목에 수입세를 부과하고 밀

수 처분을 강화한 설탕법을 제정했다. 상업 서류와 신문, 광고 등에 본국의 인지를 붙이도록 강제하는 인지법도 제정하여 세수를 늘려 나가고자 한 것이다.

식민지 사람들은 '대표 없는 곳에 과세 없다'고 외치며 격렬히 항의했다. 즉, 본국 의회에 대표를 보내지 않는 식민지에 본국이 과세할 권리가 없다는 주장이었다. 격심한 저항에 부딪혀 인지법은 다음 해에 사라졌지만, 대신 동인도 회사의 차를 독점 판매하는 규정인 차법이 제정되었다. 다시 반발한 식민지 사람들은 보스턴 항에 입항한 동인도 회사의 배를 점령하여 342상자에 달하는 대량의 차 상자를 바다에 던져 버렸다.

● 직선과 곡선으로 나뉜 미국의 주 경계선

1846년 합병
1803년 프랑스로부터 매수
1783년 영국으로부터 할양
1818년 영국으로부터 할양
뉴햄프셔
버몬트
매사추세츠
메인
워싱턴
몬태나
노스다코타
위스콘신
뉴욕
오리건
아이다호
와이오밍
사우스다코타
미네소타
미시간
펜실베이니아
코네티컷
로드아일랜드
뉴저지
네바다
네브래스카
아이오와
일리노이
인디애나
오하이오
웨스트버지니아
버지니아
델라웨어
메릴랜드
캘리포니아
유타
콜로라도
캔자스
미주리
켄터키
노스캐롤라이나
애리조나
뉴멕시코
오클라호마
아칸소
테네시
사우스캐롤라이나
미시시피
앨라배마
조지아
텍사스
루이지애나
플로리다
건국 당시의 합중국
1848년 멕시코로부터 할양
1853년 멕시코로부터 매수
1845년 합병
미시시피강
1819년 스페인으로부터 매수

이른바 '보스턴 차 사건'이다.

영국은 보스턴 항을 폐쇄하기에 이르렀다. 그에 대한 불만이 고조되면서 1774년에 13개 식민지 대표가 모여 대륙 회의를 개최하고 대책을 협의했다. 다음 해인 1775년에 보스턴 교외 지역인 렉싱턴과 콩코드에서 영국군과 식민지 민병 사이에 무력 충돌이 일어났다. 식민지 측은 프렌치·인디언 전쟁에서 공적을 쌓은 워싱턴을 총사령관으로 임명하여 임전 태세를 취하고 독립 전쟁을 시작했다.

1776년 7월 4일 대륙 회의는 독립 선언을 채택했다. 다음 해에는 연합 규약을 제정하여 아메리카 합중국이 탄생했다. 이로써 새로운 대국의 역사적 서막이 오르게 되었다.

서부 개척과 원주민의 비극

식민지 측은 독립 전쟁에서 고전을 면치 못했다. 그러나 영국과 대립하고 있던 프랑스와 스페인, 네덜란드가 참전하여 힘을 더했다. 러시아가 중심이 되어 스웨덴, 덴마크, 포르투갈, 프로이센이 무장 중립 동맹을 결성하면서 영국은 외교적으로 고립되었다.

1781년 영국 본국의 거점이었던 요크타운이 함락되자 영국은 전쟁을 계속 치르기를 단념하고 말았다. 1783년 파리 조약이 맺어져 미합중국은 독립하고, 미시시피강 동쪽 영토도 이

양하기로 결정되었다. 1787년 미합중국 헌법이 제정되었고, 1789년에 초대 대통령으로 조지 워싱턴을 임명했다. 이리하여 대혼란의 시기를 거쳐 한 나라가 생겨났다.

미국이 안정화의 길로 들어섰다고 생각하던 중 유럽에서는 더 큰 혼란의 막이 올랐다. 워싱턴이 대통령에 취임한 지 3개월도 되지 않아 일어난 사건으로, 역사에 큰 영향을 끼친 프랑스 혁명이다. 그 후 미국은 반세기 이상 동안 매수나 전쟁에 의한 영토 할양을 반복하며 북미 대륙을 동서로 관통하는 광대한 영토를 가진 국가로 성장하였다.

서부 개척 시대에 원주민들이 토지를 빼앗기는 등 압박을 받은 사실은 짚고 넘어가야 한다. 당시 100만 명이었던 원주민은 19세기 말에 4분의 1인 25만 명까지 감소했다. 미국 서부 지역에서는 수많은 비극이 일어났던 것이다.

29

나폴레옹이 유배되었던 엘바섬과 세인트헬레나섬은 어디일까?

: 프랑스 혁명과 나폴레옹 신드롬 :

지리에 관한 수수께끼

나폴레옹의 유배지는 절해고도였다

프랑스 황제 나폴레옹은 2번이나 유배되었다. 1814년 엘바섬으로 유배당했다가 탈출하여 권력을 되찾지만, 또다시 전쟁에서 패하여 세인트헬레나섬에 유배되었다. 나폴레옹에 관한 이야기를 듣다 보면 비교적 간단하게(?) 탈출이 가능했던 엘바섬의 위치와 다음 유배지였던 세인트헬레나섬의 위치가

궁금해진다.

먼저 엘바섬은 이탈리아반도에서 좀 떨어진 지중해에 위치해 있다. 이탈리아반도에서 약 10㎞정도의 거리에 있다. 당시 1만 2천 명의 농민이 거주하던 지역이며, 해안에 가까운 곳에 위치하여 쉽게 탈출이 가능하였다.

다음 유배지였던 세인트헬레나섬은 아프리카 대륙의 저편에 있는 외딴 섬이다. 세인트헬레나섬을 표기하려면 세계 전체를 표시할 정도의 축적을 가진 지도가 필요하다. 쉽게 말하

● 이탈리아반도에서 가까운 엘바섬

피렌체
•로마
엘바섬

● 외딴 곳에 있는 세인트헬레나섬

세인트헬레나섬

자면 아프리카와 남아메리카 사이에 위치한 섬이다. 실제 아프리카로부터의 거리는 약 2,000km이다.

나폴레옹이 유배된 섬의 위치를 지도에서 비교해 보자. 각 섬으로 유배를 보냈던 사람들의 마음과 유배를 떠났던 나폴레옹의 당시 심정이 생생하게 전해져 온다.

세계사의 전개

민중의 불만은 혁명이 되어 폭발했다

7년 전쟁과 프렌치·인디언 전쟁을 치르면서 프랑스 재정은 곤궁해졌다. 거기다 기근까지 더해지자 프랑스 왕 루이 16세는 귀족과 성직자 등 특권 계층에게도 세금을 부과하기에 이르렀다.

1789년 신분제 의회인 삼부회를 재개하였으나, 의결 방법 등을 둘러싸고 혼란에 빠졌다. 특히 당시 정치로부터 멀리 떨어져 지냈던 평민(제3신분) 출신 의원들의 불만이 폭발하였다. 결국 평민을 중심으로 하는 국민 의회가 성립되기도 했다. 국왕이 국민 의회를 탄압할 움직임이 보이자 바스티유 감옥을 습격하는 등 각지에서 농민 봉기가 일어났다. 프랑스 혁명의 시작이었다.

루이 16세와 결혼한 마리 앙투아네트의 친정인 오스트리아

를 중심으로 유럽 국가들이 혁명에 간섭했다. 민중은 1792년
파리에서 봉기를 일으켰고, 왕정을 폐지하고 공화정을 수립
했다. 다음 해인 1793년 루이 16세와 마리 앙투아네트는 각각
1월과 10월에 처형당했다.

그러자 영국이 중심이 된 유럽 국가들은 대프랑스 대동맹
을 결성하여 혁명 세력에 압력을 가했다. 프랑스 국내에서는
혁명 정권이 반대파를 대거 처형하는 공포 정치를 행하여 세
상이 뒤숭숭하였다. 혼란을 진압할 힘을 가진 강한 지도자의

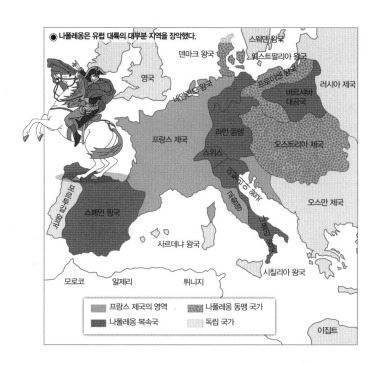

● 나폴레옹은 유럽 대륙의 대부분 지역을 장악했다.

스웨덴 왕국
덴마크 왕국
웨스트팔리아 왕국
영국
네덜란드 왕국
프로이센 왕국
러시아 제국
바르샤바 대공국
프랑스 제국
라인 동맹
오스트리아 제국
스위스
이탈리아 왕국
교황령
오스만 제국
포르투갈 왕국
스페인 왕국
나폴리 왕국
사르데냐 왕국
시칠리아 왕국
모로코
알제리
튀니지

프랑스 제국의 영역   나폴레옹 동맹 국가
나폴레옹 복속국   독립 국가

이집트

등장을 많은 사람들이 기대하고 있었다. 그때 나타난 인물이 바로 나폴레옹이다.

유럽의 모습을 변화시킨 나폴레옹

나폴레옹은 군사 지도자로서 두각을 드러내기 시작했다. 이탈리아, 오스트리아와의 전투에서 승리를 거두는 등 군사적 능력을 십분 발휘했다. 대외 원정을 마치고 본국으로 귀국한 나폴레옹에게 민중은 열렬한 지지를 보냈다. 민중의 열광적 지지를 배경으로 그는 스스로 정권을 잡았다. 1804년 민중 투표에 의해 황제로 취임한 나폴레옹은 법전을 공포하는 등 내정면에서도 활약하였다.

트라팔가르 해전에서 영국에 패배하였지만, 오스트리아와 러시아, 프로이센과 같은 대국을 무찌르고 신성 로마 제국을 멸망시키는 업적을 남기기도 했다. 1810년경에 이르러서는 유럽 대륙의 대부분이 나폴레옹과 그 일가의 지배하에 들어갔다.

나폴레옹의 지배는 오랫동안 지속되지 못하였다. 1812년 나폴레옹은 러시아 원정에 실패했다. 프로이센, 오스트리아, 러시아 동맹군은 라이프치히 전투에서 나폴레옹을 무찌르는 데 성공한다. 그 결과 나폴레옹은 엘바섬으로 유배되었다.

유럽 나라들은 1814년 빈 회의를 열어 전후 처리 문제를 논의했다. 나폴레옹은 엘바섬에서 탈출하여 재기를 시도했지만,

워털루 전투에서 대패하고 세인트헬레나섬으로 유배를 당한다. 세인트헬레나섬에서 나폴레옹은 생을 마감했다. 빈 회의의 결정으로 프랑스, 스페인의 부르봉 왕가가 부활하는 등 프랑스 혁명 이전의 유럽으로 돌아가게 되었다.

30

칠레의 국토가
남북으로 긴 이유는?

: 남미의 독립 :

지리에 관한 수수께끼

서서히 국토를 늘려 간 칠레

세상에는 다양한 모양의 국토를 가진 국가가 존재한다. 그 중에서도 특징적인 국가로 칠레를 꼽을 수 있다. 남미 대륙의 서쪽에 드러누운 듯 가늘고 긴 형태를 취하고 있다. 칠레는 어찌하여 이처럼 긴 나라가 되었을까?

칠레의 동쪽에는 안데스산맥이 솟아 있다. 지형적인 측면

에서 옆으로 국토를 넓혀 가기가 어려웠지만, 처음부터 긴 형
태는 아니었다.

잉카 제국을 멸망시킨 피사로의 부하 페드로 데 발디비아
가 남쪽으로 내려와 산티아고를 건설하였다. 처음 칠레는 지
금 국토의 중앙 부분만을 가진 국가였다. 남쪽에서는 마푸체
족이라는 원주민이 격렬히 저항하여(아라우코 전쟁) 영토가 확
장되지 못했다.

1818년 독립 국가가 된 칠레는 1883년에 삼천 년 동안이나
자기 땅을 지키며 저항을 계속해 온 마푸체족과도 화해하여
남쪽으로 국토가 넓어졌다. 1879년에 시작된 페루, 볼리비아

와의 '태평양 전쟁'에서도 승리를 거두어 북부의 영토를 획득하였다. 마침내 칠레는 남북으로 영토를 확장하게 되어 매우 기다란 국토를 가진 국가가 되었다.

세계사의 전개

남미의 독립에 힘을 실어 준 나폴레옹

19세기 초 남미의 여러 국가들은 독립을 이루었다. 당시에 독립이 계속된 다양한 이유가 있겠지만, 무엇보다도 나폴레옹의 영향이 매우 크다고 한다. 앞서 언급한 바와 같이 남미의 영토는 브라질을 제외하고는 모두 스페인의 식민지였다. 당시 스페인은 나폴레옹이 이끄는 프랑스 군대의 공격을 받아 지배하에 들어가게 되었다. 본국 스페인의 힘이 약해진 틈을 타 남미 국가들은 독립 운동을 활발히 진행해 나갔다.

처음으로 독립 운동을 벌인 곳은 프랑스령 아이티였다. 아이티에서 프랑스 혁명에 영향을 받은 흑인 노예가 반란을 일으켜 독립을 달성했다. 아이티의 움직임을 지켜본 다른 지역에서도 식민지 태생의 백인 크리오요들이 중심이 되어 독립 운동을 전개해 나갔다. 더구나 독립 운동은 북쪽과 남쪽에서 동시에 일어났다.

남미 독립을 위해 투쟁한 2명의 영웅

남미 독립에 기여한 또 다른 영웅으로 시몬 볼리바르라는 인물이 있다. 그는 어린 시절 부모를 여의었지만, 다행히도 훌륭한 가정 교사를 만나 자유주의 사상을 접하였다. 그가 독립 혁명에 뛰어든 진짜 이유는 너무나도 사랑했던 아내의 죽음이라고 한다.

결혼 다음 해에 아내를 잃고 독립 운동에 몸을 던진 볼리바르는 남미 북부에 대콜롬비아 공화국을 세우고 대통령이 되었다. 그는 페루와 볼리비아도 해방시켰는데, 남미 통일에 대한 의지도 있었다고 한다.

모든 일이 볼리바르가 계획했던 대로 순조롭게 풀리지는 않았다. 독립군 내부에서 대립이 일어났으며, 남미 통일을 꿈꿨던 그의 생각과는 반대로 1830년 대콜롬비아는 베네수엘라, 콜롬비아, 에콰도르 3개국으로 분열되어 버렸다. 실망한 볼리바르는 정치 활동에서 은퇴했고, 같은 해 12월 실의에 빠진 채 생을 마감하였다. 마지막에는 슬픈 운명을 맞이했지만 독립 지도자로 추앙되어 볼리비아의 국명에 이름을 남겼다.

남쪽에서 독립 운동을 일으킨 사람은 아르헨티나 태생의 산 마르틴이다. 그는 어린 시절 본국 스페인으로 건너가 군인이 되었고, 스페인에서 나폴레옹 군대와 싸워 큰 성과를 거두기도 했다. 그 후 조국 아르헨티나에서 독립 운동이 일어나자 참가하여 공헌했다.

북부 볼리비아의 독립도 도모하였지만 생각대로 잘되지 않자 산마르틴은 기묘한 계책을 세웠다. 과거 로마를 위협했던

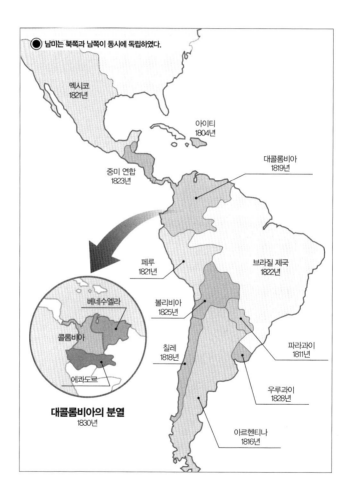

● 남미는 북쪽과 남쪽이 동시에 독립하였다.

멕시코
1821년

아이티
1804년

중미 연합
1823년

대콜롬비아
1819년

페루
1821년

브라질 제국
1822년

베네수엘라

볼리비아
1825년

콜롬비아

에콰도르

대콜롬비아의 분열
1830년

칠레
1818년

파라과이
1811년

우루과이
1828년

아르헨티나
1816년

한니발처럼 안데스산맥의 능선을 넘어 칠레를 공격한 것이다. 계략이 성공하여 그 땅은 해방되었다.

산마르틴은 북쪽으로 나아가 페루를 공략했다. 그는 페루의 '보호자'라는 칭호를 얻어 혁신적인 정책을 실시하였다. 하지만 너무나도 급격한 개혁으로 주위의 반발을 사면서 점차 정치적 영향력을 잃었다.

북쪽에서는 독립 운동을 시작한 볼리비아가 남하해 왔다. 산마르틴은 볼리비아와 회담을 가졌다. 그는 볼리비아의 독립을 볼리바르에게 맡기고 프랑스로 망명했다. 그도 실의와 곤궁에 빠진 가운데 생을 마감했다. 그래도 독립 영웅으로 받들어져 지금까지도 그의 기일은 아르헨티나의 기념일이기도 하다.

포르투갈령의 브라질에는 나폴레옹 침공 시 피신한 본국의 왕자가 있었다. 나폴레옹의 실각 후에도 브라질에 남은 포르투갈 왕자는 1822년 스스로 황제가 되어 본국으로부터 독립했다.

31

지리적으로 캐나다와 러시아 근처인 알래스카가 미국의 영토인 이유는?

: 빈 체제 붕괴 후의 유럽 :

지도에 관한 수수께끼

싼값에 팔려 버린 알래스카

세계 지도를 펼치고 알래스카의 위치를 확인해 보자. 캐나다에 인접한 알래스카는 러시아와도 매우 가깝다. 그런데 어찌하여 미국의 일부가 되었을까?

알래스카는 원래 러시아의 영토였다. 덴마크 태생으로 러시아 소속의 직업 해군이었던 베링은 러시아 황제의 명을 받아

탐험에 나섰다. 그때 유라시아 대륙과 아메리카 대륙이 육지로 이어지지 않았음을 확인했다. 알래스카는 모피 획득용 해달 사냥의 거점으로 러시아 땅이 되었다.

러시아는 1853년에 오스만 제국, 영국, 프랑스를 상대로 하는 크림 전쟁을 시작한다. 전쟁으로 인해 러시아는 재정난을 겪었고, 해달이 줄어든 알래스카를 경영하기 어렵게 되었다. 그런 상황에서 이웃 국가인 캐나다에 매각하는 것이 보통이겠지만, 당시 캐나다는 영국의 영토였다. 러시아는 눈앞의 적인 영국에 알래스카를 매각할 수 없었다. 차선책으로 미국에 팔게 된 것이다.

당시 알래스카의 매각액은 고작 720만 달러였다. 미국은 반세기 만에 금광 개발 등으로 100배에 달하는 이익을 얻었다.

세계사의 전개

빈 체제의 붕괴

빈 회의를 통해 프랑스와 스페인에서는 부르봉 왕조가 다시 부활하였다. 정통주의라는 이름 아래 구왕조와 구제도의 부활을 꾀했지만 지속되지는 못했다. 프랑스 혁명으로 싹트기 시작한 자유주의는 반정부 운동과 혁명 운동, 민족 운동으로 퍼져 나가 구제도를 뒤엎는 방향으로 유럽을 움직여 가고 있었다.

1830년 프랑스에서는 7월 혁명이 일어났다. 민중을 압박했던 샤를 10세가 추방되고 뒤를 이어 루이 필리프가 왕으로 추대되었다. 루이 필리프 역시 1848년에 일어난 2월 혁명으로 왕위에서 쫓겨났고, 프랑스는 공화정으로 변화하였다.

그 후 나폴레옹의 조카인 루이 나폴레옹이 권력을 장악하였다. 그는 국민 투표에 의해 프랑스의 황제 나폴레옹 3세로 즉위하였다. 2월 혁명의 영향은 유럽 각지로 번져 나가 혁명 운동이 전개되기 시작했다. 이러한 체제의 전환을 '모든 국민의 봄'이라 불렀다. 독일과 오스트리아에서 정권 교체가 일어나는 등 정통주의에 근거한 복고적 정치 체제는 점차 붕괴되어 갔다.

그레이트 게임과 크림 전쟁

유럽 전역에서 일어난 혁명의 소용돌이에서 번영을 이룬

국가가 있었다. 가장 먼저 산업 혁명을 경험하였던 영국이다. 프랑스의 나폴레옹에게도 굴복하지 않았던 영국은 '군림하되 통치하지 않는다'는 원칙하에 양당 정치를 행하고 있었다. 1851년에는 런던에서 제1회 만국 박람회를 개최하여 영국의 번영을 세계에 과시하기도 하였다.

잘나가던 영국에 대항한 나라가 나폴레옹에게도 굴복하지 않았던 러시아이다. 남하 정책을 추진했던 러시아와 바다에서 북상하는 영국이 대립하게 되었다. 당시 영국과 러시아의 전쟁을 '그레이트 게임'이라고 부른다.

양국의 대립은 크림 전쟁에서 정점을 찍었다. 크림 전쟁은 러시아가 요청한 예루살렘의 성지 관리권을 오스만 제국이 거절한 것이 계기가 되었다. 전쟁의 격전지였던 크림반도는 현재에도 러시아와 우크라이나, 나토NATO 등이 지배권을 다투는 장소이기도 하다.

전쟁 초기에는 러시아 대 오스만 제국의 싸움이었지만, 오스만 제국 편에 영국과 프랑스가 참전하면서 대국의 운명을 건 싸움으로 커졌다. 격전 끝에 러시아는 패배하였는데, 양측의 군비 차이가 승패를 갈랐다. 영국과 프랑스의 군함은 증기선이었던 것에 반해 러시아는 범선이었다. 러시아 대포의 사정거리도 영국군의 절반이었다고 한다.

크림 전쟁으로 러시아의 남하 정책은 실패로 끝나고 말았다.

● 러시아는 지배 영역을 넓혀 갔다.

러시아 제국

●모스크바

크림반도

청

| 러시아 제국의 최대 영역 | 17세기 영역 |
| 18세기에 늘어난 영역 | 19세기에 늘어난 영역 |

영국은 전쟁 후 '팍스 브리태니카Pax Britanica'라 불리는 번영의
시기를 구가하게 되었다.

참고로 크림 전쟁 중에 영국인 윌리엄 암스트롱이 대포를 발
명하였다. 최신식 속사포인 암스트롱 대포는 미국의 남북 전쟁
에서도 사용되어 세계 역사를 크게 변화시켰다.

32

미국 남부는
어느 주들을 포함할까?

: 남북 전쟁과 독일, 이탈리아의 통일 :

지도에 관한 수수께끼

미국의 주 분류에 영향을 미친 사건

미국의 여러 주를 그룹별로 나누어 '남부, 동부, 중서부'로 부를 때가 있다. 실제로는 정확히 나뉘어 있지 않다. 다양한 관계에 따라 미묘하게 다른 주가 선택되기도 한다. 지도에서 예로 든 '미국 남부 12개 주 정부 관광국'을 구성하는 주와 '국세조사국'이 구분한 남부의 주를 살펴보면 미묘하게 다른 것

● 기관 등에 따라 구분이 달라지는 미국 남부

인구 조사 시의 남부

정부 관광국을
공동 운영하는 남부

남북 전쟁 당시의 남부

을 알 수 있다.

둘 다 남부라고는 하지만 실제로는 동남부이다. 캘리포니아
주와 애리조나주 등은 경도상으로 당연히 남부 같지만, 통상
적으로 남부가 아닌 서부에 포함시킨다. 단순히 방향만이 아
니라 역사적, 기후적, 풍속적 사안을 고려하여 주를 구분하기

때문이다. 남부의 구분에 큰 영향을 미친 사건은 아메리카 최대의 내전인 '남북 전쟁'이다.

세계사의 전개

미국을 둘로 나눈 남북 전쟁

19세기 중반의 미국 남부에서는 노예를 이용한 면화 플랜테이션이 널리 행해지고 있었다. 따라서 미국 남부에서는 노예제를 지지하고 자유 무역주의의 진전, 주 자치 제도의 강화를 요구했다. 그에 반해 북부는 노예제를 반대하였으며 보호 무역, 연방주의를 요구하는 경향이 강했다. 양자의 대립은 점차 심화되었고, 서부 개척으로 새롭게 생겨난 주의 노예제 인정 여부가 문제로 대두되었다.

1861년 북부에 가까운 서부 출신인 사람이 대통령으로 취임했다. 그는 노예제가 더 이상 늘어나서는 안 된다고 생각했다. 그는 바로 링컨이다. 그때까지 계속해서 대통령을 배출해 왔던 남부는 선거 결과에 불복하여 아메리카 합중국에서 이탈하였다. 남부는 아메리카 연합국을 창설하고 독자의 대통령을 선출했다. 링컨은 남부의 분리를 인정하지 않았고, 결국 남북 전쟁이 시작되었다.

전쟁 초기에는 북부가 열세였다. 링컨 대통령이 노예 해방 선언을 발표함에 따라 안팎의 지지를 모아 서서히 전세가 호전되었다. 북부는 최대 격전지였던 게티즈버그 전쟁에서 전세의 우위를 점했다. 그곳에서 이루어졌던 추도식에서 링컨은 '국민의, 국민에 의한, 국민을 위한 정부'라는 명언을 후세에 남겼다.

이윽고 남부의 수도 리치먼드를 함락당한 남부가 항복하여 남북 전쟁은 끝이 났다. 고난 끝에 겨우 승리를 거둔 링컨은 소식을 들은 지 며칠 만에 총에 맞아 사망하였다.

독일과 이탈리아의 통일

미국이 남북 전쟁을 겪고 있을 즈음 유럽의 독일과 이탈리아에서는 각자 통일을 위한 활발한 움직임이 있었다.

이탈리아는 남쪽과 북쪽에서 통일의 움직임이 일어났다. 북쪽에서는 사르데냐 왕국을 중심으로 프랑스와 연합하여 오스트리아를 무찌르고 서서히 북부의 영토를 합병했다. 남쪽에서는 가리발디가 이끄는 군대가 시칠리아섬과 양 시칠리아 왕국을 무너뜨리고 영토를 사르데냐 왕에게 양도했다. 이리하여 1861년 사르데냐의 왕 비토리오 에마누엘레 2세가 왕이 되어 이탈리아 왕국이 세워졌다. 1866년에는 베네치아가, 1870년에는 로마 교황령이 합병되었다.

독일에서는 프로이센을 중심으로 통일이 이루어졌다. 프로

이센의 수상 비스마르크는 '독일의 문제는 철과 피로 해결해
야 한다'고 외치며 군비 확장 노선으로 방향을 바꾸었다. 프
로이센은 프로이센·오스트리아 전쟁, 프로이센·프랑스 전쟁
에서 승리를 거두었다. 프로이센은 오스트리아·헝가리 제국
을 제외한 독일 지역을 통일하여 1871년 독일 제국을 세웠다.

독일 제국의 황제로는 프로이센왕이 즉위했고, 재상에는 비스마르크가 취임했다. 비스마르크는 이후 20년에 걸쳐 독일을 통치하면서 노련한 외교 정책으로 다른 유럽 국가들을 견인하였다.

프랑스는 프로이센·프랑스 전쟁을 거치면서 나폴레옹 3세가 포로가 되어 실각했다. 곧 제정 체제가 붕괴되고 공화정이 부활하였다(제3공화정).

제6장

제국주의와
두 번의 세계 대전,
그리고 현재

33

'자유'라는 이름을 가진 나라가 존재한다고?

: 제국주의 :

지명에 관한 수수께끼

자유를 위해 싸워 온 나라

이름에 '자유Liberty'라는 뜻을 지닌 국가가 있다. 아프리카 서부의 대서양 연안에 있는 국가로, 아프리카에서 가장 오래된 공화국인 '라이베리아'이다. 사실 자유라는 국명은 라이베리아의 태생과 관계가 있다.

라이베리아의 수도인 몬로비아는 미국의 이주민 협회가 해

211

방 노예를 위해 건설한 도시이다. 미국의 해방 노예, 즉 '자유'를 얻은 노예들이 이주했다. 수도 몬로비아의 도시 명은 당시 미국의 대통령 먼로의 이름과 관련이 있다고 한다.

1847년 빠른 독립을 이룬 라이베리아는 구미 열강에 의한 아프리카 식민 통치 시대에도 독립을 유지했다. 20세기 말부터 내전으로 인하여 국토의 대부분이 황폐해졌지만, 21세기 현재에는 재건을 위해 노력 중이다.

세계사의 전개

제2차 산업 혁명과 아프리카 분할

영국에서 시작된 산업 혁명은 유럽과 미국 등 여러 나라로 퍼져 나갔다. 초창기 경공업을 중심으로 화석과 증기 기관을 동력원으로 삼았던 산업 혁명은 석유와 전력을 새로운 동력으로 하는 중화학 공업으로 중심이 옮겨졌다.

제2차 산업 혁명이라 불리는 새로운 산업 구조로의 변화는 신부흥 세력인 미국과 독일이 리드했다. 경제 성장을 이룩한 구미 열강은 자원의 공급처이자 제품의 판매처였던 식민지를 서로 빼앗기 위해 다투었다. 아시아와 아프리카가 식민지의 주 대상이 되었던 '제국주의' 시대가 도래했다.

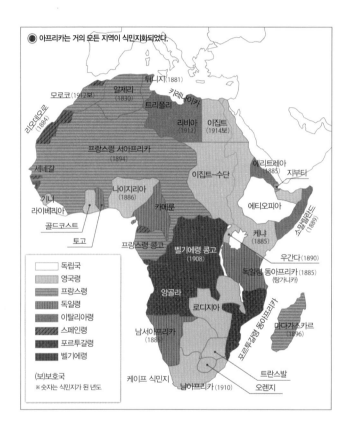

● 아프리카는 거의 모든 지역이 식민지화되었다.

튀니지(1881)
모로코(1912보)
알제리(1830)
키레나이카
트리폴리
리비아(1912)
이집트(1914보)
리오데오르(1884)
프랑스령 서아프리카(1894)
세네갈
에리트레아(1885)
지부티
이집트–수단
기니
나이지리아(1886)
라이베리아
카메룬
에티오피아
골드코스트
토고
케냐(1885)
프랑스령 콩고
벨기에령 콩고(1908)
소말릴란드(1889)
우간다(1890)
독일령 동아프리카(1885)(탕가니카)
앙골라
로디지아
마다가스카르(1896)
남서아프리카(1885)
포르투갈령 동아프리카
케이프 식민지
트란스발
남아프리카(1910)
오렌지

독립국
영국령
프랑스령
독일령
이탈리아령
스페인령
포르투갈령
벨기에령

(보)보호국
※ 숫자는 식민지가 된 년도

1880년 아프리카에서는 열강 사이의 식민지를 둘러싼 싸움
이 과열되었다. 해결을 위해 독일의 비스마르크는 1884년 베
를린 회의를 열었다. 회의에서 합법적으로 지배권을 확립한 나
라가 해당 지역의 영유권을 가진다는 원칙(선점권)이 세워졌다.
말하자면 선착순이라는 것이다. 당연히 구미 열강들은 엄청난
기세로 아프리카를 식민지화하기 위해 움직이기 시작했다. 에
티오피아만 간신히 독립을 유지했을 뿐, 다른 국가들은 20년

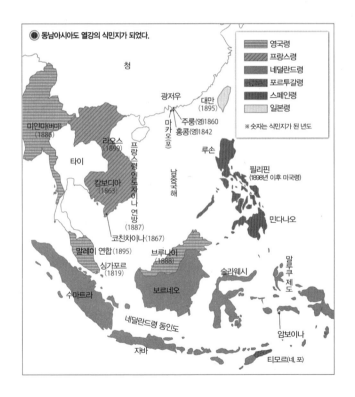

● 동남아시아도 열강의 식민지가 되었다.

| 영국령 |
| 프랑스령 |
| 네덜란드령 |
| 포르투갈령 |
| 스페인령 |
| 일본령 |

※ 숫자는 식민지가 된 년도

청

광저우

대만
(1895)

주룽(영)1860
홍콩(영)1842
마카오(포)

미얀마(버마)
(1886)

라오스
(1899)

프랑스령인도차이나연방
(1887)

타이

캄보디아
(1863)

남중국해

루손

필리핀
(1898년 이후 미국령)

코친차이나(1867)

말레이 연합(1895)

싱가포르
(1819)

브루나이
(1888)

민다나오

보르네오

술라웨시

말루쿠제도

수마트라

네덜란드령 동인도

암보이나

자바

티모르(네, 포)

간 구미 열강의 식민지가 되었다.

열강의 화살은 아시아, 태평양 지역으로 향하였다

열강이 식민지로 삼고자 한 곳은 아프리카만이 아니었다. 인도에서는 빅토리아 여왕을 황제로 하는 인도 제국이 1877년에 세워져 영국의 지배하에 들어갔다. 동남아시아에서는 태국을 제외한 지역이 열강에 의해 분할되었다. 대국이었던 청나라조차 2차에 걸친 아편 전쟁으로 홍콩과 주룽반도 일부를 할양하고 불평등 조약을 맺는 등 열세에 서야 했다.

구미 열강은 아프리카와 아시아 지역 외에도 태평양의 섬들을 식민지화했다. 호주와 뉴질랜드는 영국이 점유했다. 지역

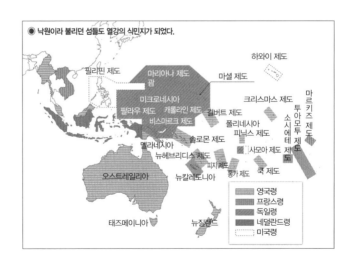

● 낙원이라 불리던 섬들도 열강의 식민지가 되었다.

원주민인 애버리진과 마오리족은 혹독한 역사를 경험하였다. 독일 역시 남태평양 섬들을 지배했다. 멜라네시아의 일부 섬들은 독일 재상의 이름을 따 '비스마르크 군도'라고 이름 붙였다.

스페인과의 전쟁에서 승리한 미국은 필리핀, 괌뿐만 아니라 같은 시기에 하와이도 합병했다. 하와이 왕국 최후의 여왕이었던 릴리우오칼라니는 왕위를 빼앗긴 슬픔을 노래로 표현했다. 지금도 많은 사람들이 들을 수 있는 하와이의 명곡 〈알로하 오에〉이다.

아시아, 아프리카, 태평양 지역을 식민지화한 열강은 세력권의 재편을 위해 연대와 대립을 반복하면서 나중에 큰 비극을 가져왔다.

34

부처의 이름이
지명인 곳은 어디일까?

: 청일 전쟁 ;

지명에 관한 수수께끼

부처의 공덕을 닮고자 이름을 붙인 지역

지명의 다양한 어원에 대해 소개하고 있다. 그중 불상의 이름을 기원으로 하는 지명은 쉽게 떠오르지 않지만, 실제로는 친근한 지역에 존재한다. 바로 '만주滿洲'이다.

만주라는 이름의 기원이 되는 부처는 산스크리트어로 '만주슈리'라고 한다. 흔히 문수보살이라고 부르며, 지혜를 관장하는

부처이다. 일본에서는 후쿠이 현에 있는 일본원자력연구개발기구의 고속 증식로 '몬쥬'에 이름을 남기고 있다.

만주라는 이름은 중국 동북부에 살고 있는 만주(여진)족이 문수보살을 닮고 싶은 마음에 스스로 붙였다고 한다. 이후 그들의 출신지인 중국 동북부 지방을 가리키는 지명으로 일반화되었다. 참고로 만주족이 건국한 나라를 '금金'이라 불렀고, 금은 후에 '청淸'으로 개칭하고 중국을 통일하였다.

세계사의 전개

청일 전쟁의 발발

중국 동북부의 만주족이 건국한 청나라는 17세기부터 중국을 지배했다. 200년이라는 긴 세월 동안 동아시아에 이름을 휘날렸지만, 19세기에 영국 등 서구 열강이 일으킨 아편 전쟁에 지고 불평등한 조약을 체결하면서 서서히 국력을 빼앗겼다.

200년에 걸친 긴 쇄국 시대를 끝내고 메이지 유신을 경험한 일본은 급속한 근대화를 이루었다. 한반도를 둘러싸고 1894년 청나라와 일본 사이에 군사 충돌이 일어나 청일 전쟁으로 이어졌다. 풍도 해전에서 승리를 거둔 일본군은 평양 전투에서 청나라의 군대를 한반도에서 퇴각시켰다. 일본은 황해 해전에서 청의 주력 함대를 격파하여 요충지였던 다롄과 뤼순을 점령했다.

전쟁에서 우위를 점한 일본은 다음 해 시모노세키에서 청나

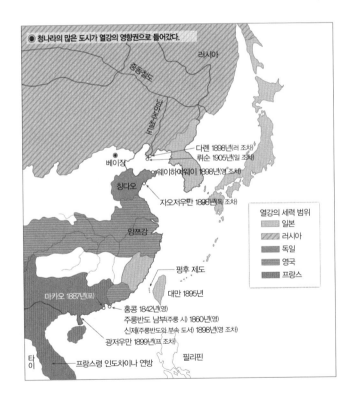

● 청나라의 많은 도시가 열강의 영향권으로 들어갔다.

러시아

중동철도

남만주철도

다롄 1898년(러 조차)
뤼순 1905년(일 조차)
웨이하이웨이 1898년(영 조차)

베이징

칭다오
자오저우만 1898년(독 조차)

양쯔강

펑후 제도

열강의 세력 범위
일본
러시아
독일
영국
프랑스

마카오 1887년(포)
홍콩 1842년(영)
주룽반도 남부(주룽 시) 1860년(영)
신제(주룽반도와 부속 도서) 1898년(영 조차)
광저우만 1899년(프 조차)

대만 1895년

타이
프랑스령 인도차이나 연방

필리핀

라와 강화 조약을 체결했다. 랴오둥반도와 타이완, 펑후섬을 할양했고, 2억 냥의 배상금 지불도 승인했다.

전쟁에서 승리한 일본은 아시아 각국이 서구 열강의 식민지가 되어 가던 상황에서 대륙 침략을 위한 발판을 마련했지만, 새로운 대립의 불씨를 낳았다. 남하 정책을 추진했던 러시아는 일본의 진출을 유쾌하게 생각하지 않았다. 러시아는 프랑스, 독일과 함께 일본에 랴오둥반도의 반환을 요구했다. 일본이 승낙하기는 했지만, 랴오둥 남부를 지배하게 된 러시아와 일본 사이에 새로운 대립이 시작되었다.

반식민지화된 '잠자는 사자'

청일 전쟁으로 청나라는 큰 타격을 받았다. '잠자는 사자'라 불리는 두려움의 대상이었다가 청일 전쟁의 패배로 세력이 약화되면서 구미 열강은 경쟁하듯 중국 분열에 나섰다.

독일은 선교사 살해 사건을 구실로 삼아 자오저우만을 점령하고 다음 해인 1898년에 통치하기 시작했다. 러시아는 랴오둥반도 남부를 통치하게 되었고, 영국은 웨이하이와 주룽반도를 통치하였으며, 프랑스도 광저우 만을 점령하였다. 독일은 산둥 지방, 영국은 양쯔강 유역과 광둥 동부, 프랑스는 광둥 서부와 광시 지방, 일본은 푸젠 지방에서 우선권을 인정받아 각각 세력권을 쌓아 갔다.

청나라에서는 외세를 배척하는 운동이 일어났다. 특히 종교 결사인 의화단은 '부청멸양扶淸滅洋', 즉 '청을 받들고 외국을 멸망시킨다'는 슬로건을 내걸고 북경의 외국 공사관 지역을 점거하여 일본과 독일의 외교관을 살해했다.

의화단 운동에 청나라도 동조하여 각국에 선전 포고를 하였다. 서구 열강의 8개국은 청나라에 맞서 공동 출병하였다. 청나라는 일본, 러시아, 영국, 미국, 독일, 프랑스, 오스트리아, 이탈리아로 이루어진 8개 연합군에 대항할 이렇다 할 수단을 가지고 있지 않았다.

전쟁에서 패배한 청나라는 베이징 의정서에 날인하고 거액의 배상금을 지불했다. 베이징의 공사관 소재 구역에 외국군 주둔, 배외 단체 가입과 배외 운동의 금지 등을 수락하며 중국의 반식민지화는 점점 진행되어 갔다.

35

러일 전쟁의 강화 조약이 체결된 '포츠머스'는 어디에 있을까?

: 러일 전쟁 :

지명에 관한 수수께끼

의외로 많은 지역에 있는 포츠머스

러일 전쟁의 강화 조약은 체결지 포츠머스의 이름을 따 '포츠머스 조약'이라고 부른다. 과연 포츠머스는 어디에 있는 도시일까? 러시아 지명은 아닌 듯하고, 일본의 지명은 더더욱 아닌 것 같다. 사실은 포츠머스 강화 회의의 조정자와 관계가 있다. 강화 회의의 조정자가 다름 아닌 미국 대통령 시어도어 루

222

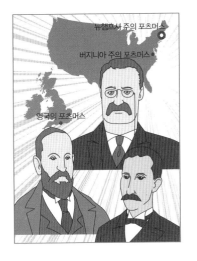

스벨트였다. 강화 회의는 미국의 포츠머스에서 이루어졌다.

공교롭게도 미국에는 포츠머스라는 지명이 뉴햄프셔주와 버지니아주 모두에 존재한다. 그중 포츠머스 조약의 체결지는 뉴햄프셔주에 있는 포츠머스이다. 포츠머스라는 도시는 영국에도 하나 더 있는데, 영국의 포츠머스가 원조이다. 식민지 시대 본국이었던 영국 햄프셔주 포츠머스를 본떠 만든 것이 미국 뉴햄프셔주 포츠머스라는 도시의 이름이다.

세계사의 전개

러일 전쟁의 발발

동아시아에서 남하 정책을 취하였던 러시아는 당시 세력이 확대되는 일본을 경계했다. 러시아는 청일 전쟁 직후 일본에 할양된 랴오둥반도의 반환을 요구했고, 일본은 마지못

해 승낙하였다.

　일본과 러시아는 감정 대립의 골이 깊어졌는데, 영국도 마찬가지였다. 그러나 영국은 독일의 터키 진출을 저지하기 위해 러시아의 협조가 필요하였던 터라 직접 싸우지는 않았다. 영국은 그때까지 '영광의 고립'이라 불리는 전통적인 고립 외교 정책을 펴다가 노선을 변경하여 1902년 일본과 동맹을 맺었다. 러시아의 남하 정책을 간접적으로 저지하고자 하는 의도였다.

　영국이라는 강력한 후견인을 얻은 일본은 한반도로 진출하려는 러시아와 전쟁을 시작했다. 1904년 러일 전쟁의 막이 오르게 된 것이다. 러일 전쟁에서 일본은 고전한 끝에 뤼순을 함

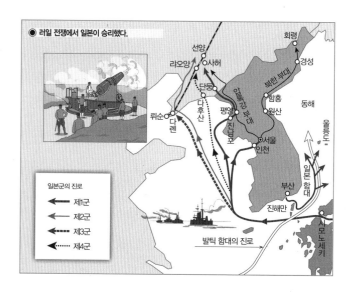

● 러일 전쟁에서 일본이 승리했다.

락시키고 선양 전투에서 승리를 거뒀다. 이 시점에서 일본은 더 이상 전쟁을 지속할 국력이 남아 있지 않았다. 일본 정부는 미국 대통령 루스벨트에게 중재를 의뢰하였다. 상황이 유리한 단계에서 화해를 모색하고자 한 것이다.

러시아는 국내에서 혁명 운동이 활발히 일어나 지배 체제에 동요가 일어나고 있었다. 화해를 받아들일 수밖에 없는 사정이 러시아에도 있었던 것이다.

포츠머스 조약과 향후 영향

일본의 전권 외상 고무라 주타로와 러시아 전권 재무장관 비테의 교섭 끝에 1905년 포츠머스 조약이 체결되었다. 일본은 포츠머스 조약 체결로 한반도에서의 지도·감독권, 랴오둥반도의 지배권, 남만주철도의 이권, 남사할린의 영유권 등을 얻었다. 다만 배상금이 없었던 점에 대해서는 불만이 있었다고 한다. 러일 전쟁의 중재를 맡았던 루스벨트 대통령은 공적을 인정받아 노벨 평화상을 수상했다.

전후 동아시아 세력들이 일시적으로 안정되자 열강의 관심은 '유럽의 화약고'라 불리는 발칸반도로 이동했다. 발칸반도는 러시아의 범슬라브주의와 독일, 오스트리아의 범게르만주의의 대립장이 되었다.

일본이 구미 열강의 한 축을 이루었던 러시아에 승리를 거둔

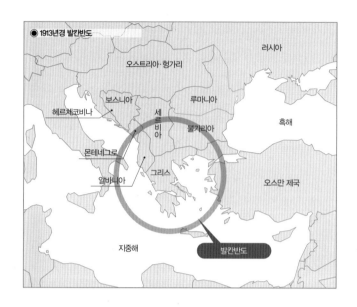

● 1913년경 발칸반도

러시아

오스트리아·헝가리

보스니아

헤르체코비나

세르비아

루마니아

몬테네그로

알바니아

그리스

불가리아

흑해

오스만 제국

지중해

발칸반도

것은 세계사에 큰 영향을 끼쳤다. 1911년 쇠약해진 청나라에서
는 신해혁명이 일어났고, 중화민국이 건국되었다.

36

세계 3대 운하로 수에즈 운하, 파나마 운하, 그리고 나머지 하나는?

: 제1차 세계 대전 :

지도에 관한 수수께끼

세계 3대 운하 중 하나는 유럽에 있다

세계 3대 운하라고 불리는 운하가 있다. 하나는 이집트 북동부의 지중해와 홍해를 잇는 수에즈 운하. 다른 하나는 중남미 파나마의 태평양과 대서양을 잇는 파나마 운하이다. 두 운하는 지명도가 있지만 나머지 한 곳은 다소 생소하다.

나머지 하나는 독일 북부의 킬 운하이다. 북해와 발트해를 잇는 킬 운하의 정식 명칭은 '북해·발트해 운하'지만, 발트해 부근에 있는 도시의 이름을 따서 '킬 운하'라고 부르는 경우가 많다. 킬 지역은 과거에는 군항이, 현재는 킬 대학이 있는 문화 도시로 알려져 있다.

수에즈 운하와 파나마 운하에 비해 킬 운하는 지명도가 낮다. 하지만 한때 킬 지역이 세계의 이목을 끌고 세계사를 크게 변화시킨 시기가 있었다.

세계사의 전개

미증유의 대격전

20세기 초가 되자 구미 열강은 2개의 진영으로 갈라져 대립하였다. 영국, 프랑스, 러시아 3국 협상이 중심이 된 '협상국'과 독일, 오스트리아, 이탈리아 3국 동맹이 중심이 된 '동맹국'으로 나뉘었다. 그중 이탈리아와 오스트리아는 영토 문제로 대립 중이었고, 제1차 세계 대전에서 이탈리아는 3국 동맹에서 빠져나와 협상국에 속하였다.

1914년 오스트리아의 왕위 계승자인 프란츠 페르디난트 황태자 부부가 세르비아인 대학생에게 암살당하는 '사라예보 사건'이 일어났다. 보스니아의 수도 사라예보에서 일어난 이 사건을 계기로 오스트리아는 세르비아에 전쟁을 선포하였다. 얼마 후 세계는 동맹국과 협상국으로 나뉘어 제1차 세계 대전이라는 대전쟁의 소용돌이에 휩싸이게 되었다.

제1차 세계 대전에 비행기, 독가스, 전차 등 신병기가 도입되었다. 예상을 뛰어넘어 장기전이 되었던 전쟁은 점점 총력전의 양상을 띠었다. 상황이 변화되기 시작한 것은 1917년이 되어서였다. 같은 해 러시아에서 일어난 혁명으로 황제가 퇴위하였다. 혁명은 계속되었고, 레닌이 중심이 되어 정권을 장악하면서 세계 최초의 사회주의 정권이 탄생했다. 소비에트 정권은 독일과 휴전 조약을 체결하였다.

독일의 무제한 잠수선 작전을 이유로 들어 미국이 참전하자 단번에 협상국 측은 우위에 섰다. 러시아에서 혁명이 일어난

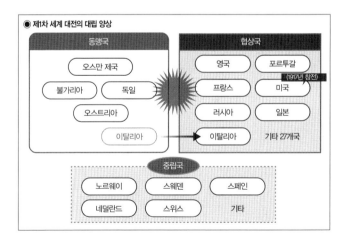

● 제1차 세계 대전의 대립 양상

동맹국
오스만 제국
불가리아   독일
오스트리아
이탈리아

협상국
영국   포르투갈
프랑스   미국 (1917년 참전)
러시아   일본
이탈리아   기타 27개국

중립국
노르웨이   스웨덴   스페인
네덜란드   스위스   기타

다음 해인 1918년, 동맹국 측에 패배의 그림자가 드리워졌다. 먼저 불가리아, 오스만 제국, 오스트리아가 차례로 항복했다. 고립된 독일에서는 출격 명령을 받은 킬 군항의 해병이 일으킨 반란이 전국으로 퍼졌다. 반란으로 황제는 사망하였고 공화정이 성립되었다. 독일 혁명으로 세워진 임시 정부가 휴전 협정을 체결하여 제1차 세계 대전은 겨우 막을 내렸다.

경제 공황으로 세계의 모습은 바뀌었다

전쟁이 끝나면서 유럽 각국은 몰락하였지만 미국은 번영을 이루었다. 가정에는 자동차와 가전제품이 보급되었고 라디오와 영화, 스포츠 등 오락을 즐기기 시작했다. 1929년에 취임한 후버 대통령은 1920년대의 미국 경제를 '영원한 번영'이라고 평가하였다고 한다.

유사 이래 여러 국가들이 번영과 쇠퇴를 반복해 왔다. 영원한 번영이 지속되었던 국가는 존재하지 않았다. 자신만만했던 대통령의 평가를 뒤로한 채 같은 해 가을 누구도 예상치 못했던 사건이 일어났다.

1929년 10월 24일 뉴욕 월가의 주식 시장에서 주가가 폭락하였다. 세계에 큰 충격을 가져다 준 그날은 '검은 목요일'이라 불릴 정도로 많은 사람들의 기억에 남는 날이었다. 주식 대폭락은 버블 붕괴로 이어져 미국 경제를 뒤흔들었으며 곧 세계로 퍼져 나갔다. 많은 국가가 유래 없는 공황 상태에 빠지고 말았다.

공황을 극복하기 위해 미국은 뉴딜 정책을 실시하였다. 공공 투자에 의한 지역 개발을 추진하는 등 수요 창출과 경기 회복을 위해 노력했다.

영국과 프랑스는 본국과 식민지 사이에 배타적 경제 블록을 설정하여 경제 안정화에 힘썼다. 블록 경제라 불리는 정책으로 인해 블록에 속하지 못한 국가의 시장은 축소되었다. 중소 국가들과 자원 조달처인 식민지를 가지지 못한 국가들은 궁지에 몰렸다.

독일, 이탈리아 등지에서는 히틀러가 이끄는 나치스와 무솔리니가 이끄는 파시스트당이 권력을 장악하고 침략 정책에 의한 경제 회복을 꾀하였다. 식민지를 가지고 있는 국가가 새로운 경제 블록을 형성해 가고자 하는 움직임이었다.

일본도 마찬가지였다. 1931년 만주 사변이 일어난 다음 해에 만주국이 건국되었다. 이러한 움직임을 국제 연맹은 일본의 침략 행위로 간주하였다. 국제 연맹이 만주로부터 철수를 요구하자 일본은 국제 연맹을 탈퇴하여 독일과 이탈리아 측에 접근했다. 그 후 1937년에 중일 전쟁이 발발하면서 긴 전쟁의 시대로 들어갔다.

37

'유황도 硫黄島'의 일본어 표기는 '이오지마'일까, '이오토'일까?

: 제2차 세계 대전 :

지명에 관한 수수께끼

미군이 불렀던 이름으로 지명이 바뀐 섬

오가사와라 제도에서 남서쪽으로 약 $200km$ 떨어진 곳에 화산섬 이오지마가 있다. 이오지마는 제2차 세계 대전 시 미국과 일본의 격전지로 유명하다. 또한 몇몇 문학 작품과 〈이오지마에서 온 편지〉, 〈이오지마의 모래〉 등 영화의 무대가 되었다. 이들 작품의 영향으로 '이오지마'라는 이름은 잘 알려진 듯하지만 사실 정식 명칭은 '이오토'이다.*

예전부터 이 섬은 이오토와 이오지마라는 두 가지 이름을 가지고 있었다. 섬 주민들과 오가사와라 제도에서는 이오토라는 호칭이 보다 일반적이었다. 그러다 제2차 세계 대전 당시 섬을 점령한 미군이 지도에 적힌 대로 이오지마라고 부르면서 이오지마가 더 많이 알려졌다. 그 후 정부에서는 섬 주민들과 오가사와라 마을의 뜻을 따라 정식 호칭을 이오토라고 정했다. 전쟁이 끝나고 60년이 지난 2007년의 일이다.

세계사의 전개

제2차 세계 대전의 발발

이탈리아와 독일에서 나타난 단일 정당에 의한 독재 정치를 파시즘이라고 부른다.

1935년 이탈리아는 에티오피아를 침공했다. 이탈리아를 저지하기 위해 국제 연맹은 경제 제재를 시행하지만 효과를 거두지 못했다.

1936년 스페인에서 일어난 내전에서 군인 프랑코가 이끄는

---

* 일본어로 '島'는 글자에 따라 '토우', '시마' 두 가지로 발음한다. '지마'는 '시마'가 변형된 것으로 보인다.

반정부군을 독일과 이탈리아가 적극적으로 지지했다. 독일 공군은 스페인의 소도시 게르니카를 무차별적으로 폭격하였다. 스페인 출신의 화가 피카소는 당시의 분노를 대작 〈게르니카〉로 표현했다. 정부 측은 국제 의용군이 지원하였으나, 반정부군에 패하면서 프랑코의 독재 정치가 계속되었다.

국제 의용군에는 저명한 작가들이 몇몇 포함되어 있었다. 그들은 당시의 체험을 바탕으로 여러 작품을 남겼다. 작품으로는 헤밍웨이의 《누구를 위하여 종은 울리나》, 앙드레 말로의 《희망》, 조지 오엘의 《카탈로니아 찬가》 등이 있다.

1938년 독일은 오스트리아를 합병했다. 다음 해에는 체코슬로바키아를 해체하고 슬로바키아를 보호국으로 삼았다. 같은 해 독일과 소련은 독소 불가침 조약을 체결한다. 이후 독일이 먼저 폴란드를 침공했고, 뒤를 이어 소련도 폴란드를 공격하였다. 영국과 프랑스는 독일에 선전 포고를 하였다. 결국 독일과 이탈리아, 일본을 축으로 하는 추축국과 영국, 프랑스, 미국, 소련의 연합국 사이에 제2차 세계 대전이 일어났다.

전쟁은 독일과 소련이 제1차 세계 대전에서 잃었던 폴란드를 회복하는 것에서 시작되었다. 다음 해 독일은 덴마크, 노르웨이, 네덜란드, 벨기에를 침공했고, 프랑스를 침공하여 파리를 점령하기에 이르렀다. 1941년 석유 확보를 위해 독일은 독소 불가침 조약을 파기하고 독소 전쟁을 개시했다.

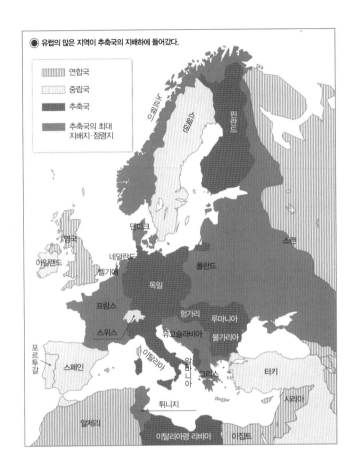

● 유럽의 많은 지역이 추축국의 지배하에 들어갔다.

연합국
중립국
추축국
추축국의 최대
지배지·점령지

노르웨이
스웨덴
핀란드
덴마크
소련
영국
아일랜드
네덜란드
벨기에
폴란드
독일
프랑스
헝가리
루마니아
스위스
유고슬라비아
불가리아
포르투갈
스페인
이탈리아
알바니아
그리스
터키
튀니지
시리아
알제리
이탈리아령 리비아
이집트

1941년 말에 추축국이었던 일본은 고철과 석유의 공급을 거부한 미국과 전쟁을 시작했다. 진주만에 있는 미국 해군 기지를 기습하는 것으로 태평양 전쟁이 발생했다. 그 후 일본은 말레이반도, 인도네시아, 필리핀 등지를 침공하였다.

연합국의 승리로 전쟁은 종료되었다

1942년 중반에 이르자 전세는 경제적 우위에 있었던 연합국으로 기울었다. 1943년 스탈린그라드에서 독일군은 소련군에 패배하였다. 같은 해 연합군이 이탈리아 본토에 접근하자 반무솔리니 운동이 활발해지면서 무솔리니는 해임되었다. 이탈리아는 연합군에 항복했고, 무솔리니는 총살당했다.

1944년 연합국 군대는 노르망디에 상륙하였다. 파리가 해방되었고, 연합군 군대가 독일의 수도 베를린을 압박하던 도중 히틀러는 자살하였다. 소련군에 의해 베를린이 함락되었고, 독일은 무조건적으로 항복하였다.

아시아·태평양 전선에서는 1942년 미드웨이 해전에서 일본군이 대패하였다. 1944년부터 다음 해에 걸쳐 사이판, 레이테섬, 마닐라섬을 미군이 탈환하였다. 이오지마의 일본군도 전멸하였다. 1945년 4월 미군은 오키나와 본토에 상륙하였다. 8월에 미군이 히로시마와 나가사키에 원자 폭탄을 투하하자 일본은 포츠담 선언을 수락하며 항복하였다.

민간인을 포함한 많은 사람들이 목숨을 잃었으며 수많은 비극이 일어났던 제2차 세계 대전과 태평양 전쟁은 마침내 막을 내렸다. 전후 일본은 연합군 총사령부의 점령하에 비군사화, 민주화 정책을 추진하였다. 1946년에 주권 재민, 전쟁 포기, 기본적인 인권 보장이 명문화된 일본 헌법이 제정되었다. 1951년에

는 샌프란시스코 강화 회의에서 평화 조약이 체결되었다. 샌프
란시스코 조약은 다음 해에 발효되어 일본은 주권을 회복했다.

독일은 미국, 영국, 프랑스, 소련 4개국에 의해 분할 점령되
었다. 이후 미국과 영국, 프랑스의 관리 지역은 독일연방공화
국(서독), 소련 관리 지역은 독일민주공화국(동독)으로 나뉘는
분단국가가 되었다.

38

보르네오섬은 왜 인도네시아, 말레이시아, 브루나이 3개 국가로 나뉘었을까?

: 아시아 · 아프리카 국가들의 건설 :

지도에 관한 수수께끼

아시아와 아프리카의 국경은 구미 열강이 협의하여 정했나?

삼면이 바다로 둘러싸이고 한쪽은 휴전선으로 가로막힌 한
국인의 입장에서는 3개국으로 나뉜 보르네오섬이 의아해 보
일지도 모르겠다. 사실 보르네오섬은 세계 3대 거대 섬 중 하
나이다. 면적은 남북한을 포함한 한반도 전체 면적의 3.4배에
가깝다. 또한 보르네오섬 내의 말레이시아와 인도네시아의 국

경에는 이란산맥, 카푸아스산맥 등이 놓여 있다. 지형적으로 보면 여러 나라로 분할될 요소가 충분한 것이다.

좀 더 넓은 시각에서 동남아시아 전체를 살펴보면 부자연스러운 점이 있기는 하다. 보르네오섬은 3개국으로 나뉘었다. 인도네시아는 많은 섬들을 합쳐 하나의 나라를 이룬다. 과거 구미 열강의 식민지 시대에 쓰인 경계가 현재에도 영향을 미치기 때문이다.

제국주의 시대에 네덜란드는 자바섬을 기점으로 주변 섬들까지 지배 영역을 넓혀 나갔다. 영국은 말레이반도에서 먼저 식민지를 확대해 갔다. 양국은 1824년에 조약을 맺어 남북으

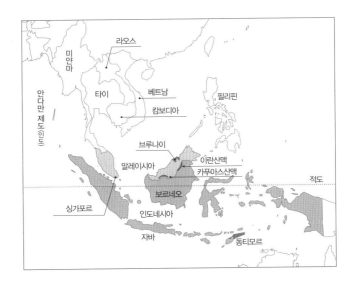

로 세력 범위를 분할하였다. 현재의 인도네시아 지역은 네덜란드령, 말레이시아 지역은 영국령이 되었고, 전후 각각 다른 나라로 독립하였다.

보르네오섬 북부의 브루나이는 예전에 보르네오섬과 필리핀 남부까지 통치한 왕국이었다. 제국주의 시대에 서서히 영토를 잃어 영국의 보호령이 되었다가 1984년에 독립했다.

세계사의 전개

아프리카의 독립

제2차 세계 대전이 끝나자 아시아와 아프리카의 많은 지역에서는 식민 지배로부터 독립한 신흥국이 많이 생겨났다.

아프리카에서는 이미 19세기부터 구미 열강에 대한 저항 운동이 있었다. 러일 전쟁과 제1차 세계 대전을 거치면서 독립을 지향하는 조직이 각지에서 생겨났다. 제2차 세계 대전 이전에는 남아프리카 연방, 에티오피아, 이집트, 라이베리아 4개국만이 독립국에 불과했다. 전후 독립의 기운이 고조되자 1951년 리비아 독립을 시작으로 많은 국가가 독립을 달성했다.

그러나 식민지 시대에 부족과 민족 분포를 고려하지 않은 국경선을 설정하는 바람에 아프리카에서는 수많은 분쟁이 일

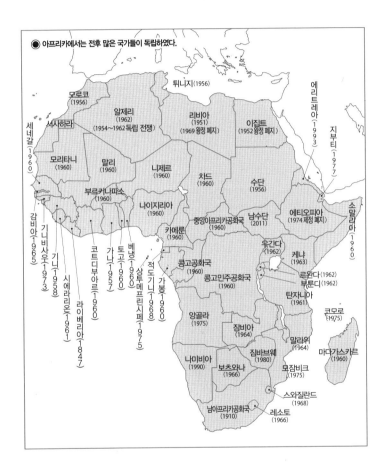

● 아프리카에서는 전후 많은 국가들이 독립하였다.

튀니지(1956)

에리트레아(1993)

모로코
(1956)

알제리
(1962)
(1954~1962 독립 전쟁)

리비아
(1951)
(1969 왕정 폐지)

이집트
(1952 왕정 폐지)

지부티(1977)

세네갈(1960)

서사하라

모리타니
(1960)

말리
(1960)

니제르
(1960)

차드
(1960)

수단
(1956)

소말리아(1960)

부르키나파소
(1960)

나이지리아
(1960)

중앙아프리카공화국
(1960)

남수단
(2011)

에티오피아
(1974 제정 폐지)

감비아(1965)

기니비사우(1973)

기니(1958)

시에라리온(1961)

라이베리아(1847)

코트디부아르(1960)

가나(1957)

토고(1960)

베냉(1960)

적도기니(1968)

상투메프린시페(1975)

가봉(1960)

카메룬
(1960)

콩고공화국
(1960)

콩고민주공화국
(1960)

우간다
(1962)

케냐
(1963)

르완다(1962)

부룬디(1962)

탄자니아
(1961)

코모로(1975)

앙골라
(1975)

잠비아
(1964)

말라위
(1964)

마다가스카르
(1960)

나미비아
(1990)

보츠와나
(1966)

짐바브웨
(1980)

모잠비크
(1975)

스와질란드
(1968)

남아프리카공화국
(1910)

레소토
(1966)

어났다. 르완다에서는 후투족에 의한 투치족 대량 학살이라는 비극적인 사건이 일어나기도 했다. 벨기에 통치 시대에 투치족을 우대한 것에 대한 반발이었다.

한편 남아프리카 연방 탄생 이후 행해진 인종 격리 정책, 즉 아파르트헤이트가 넬슨 만델라의 노력으로 철폐된 사례도 있다. 이처럼 평화적이고 협조적인 공존 체제를 쌓기 위한 대처가 전 세계적으로 요구되었다.

독립과 건국이 계속된 아시아

중국에서는 전쟁 중에 국민당과 공산당의 내전이 일어났다. 전후 국공 내전에서 승리한 공산당은 모택동 주석과 주은래 수상을 내세워 1949년 중화인민공화국을 건국하였다. 국민당은 대만으로 도망가 중화민국 정부를 지속시켰다.

동아시아, 동남아시아 국가에서도 독립의 움직임이 퍼져 나갔다.

인도에서는 간디가 전쟁 전부터 민족 운동을 전개하였고, 전후에는 이슬람교 국가 파키스탄과 힌두교가 많은 인도 연방으로 나뉘어 독립했다. 통일된 인도의 독립을 기원한 간디는 꿈을 이루지 못한 채 독립 다음 해에 급진적 힌두교도에 의해 목숨을 잃었다.

베트남에서는 호찌민이 베트남민주공화국의 독립을 선언했

다. 그 후 인도차이나 전쟁에서 프랑스와, 베트남 전쟁에서 미국과 교전 후에 국토를 통일하고 1976년 베트남사회주의공화국을 세웠다. 버마(미얀마)에서는 아웅 산이, 인도네시아에서는 수카르노가 중심이 되어 독립을 이루어 내었다.

　이들 국가는 다음 장에서 이야기할 미소 대립에 엮이지 않는 제3세력의 형성을 목표로 평화 공존의 길을 걷게 된다.

39

모스크바와 시베리아는 같은 의미를 가진 지명이라고?

: 동서 냉전과 그 후 :

지명에 관한 수수께끼

러시아 역사에서 빠지지 않는 '습지'

러시아는 바이킹의 한 유파가 건국한 노브고로드 공국을 기원으로 한다. 노브고로드 공국은 후에 남하하여 키예프 공국이 되었고, 슬라브족과 피가 섞인다. 13세기에 러시아는 몽골계 제국의 지배하로 들어갔다. 그 고뇌의 시기를 러시아인들은 '타타르의 멍에(자유의 속박)'라고 부른다고 한다. 차츰 러시

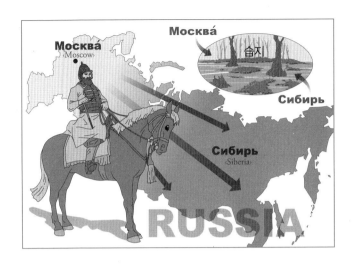

아인들은 모스크바를 중심으로 힘을 모아 모스크바 대공국을
건설하였고, 1480년에 몽골의 지배를 벗어났다.

현재까지도 러시아의 수도인 모스크바는 원래 '습지'를 뜻
하는 '모스크mosk'와 핀어로 '물'을 의미하는 '바va'로부터 생
겨난 말로, '습지의 물, 강'이라는 의미이다. 모스크바라는 강
이 성장의 중심에 있었기 때문이다.

모스크바 대공은 남러시아의 기마 전사 집단인 카자크를 이
용하여 사금과 모피의 산지인 시베리아를 개척하였다. 이후 동
아시아로 진출하여 일본과 전쟁을 벌이기도 했다.

'시베리아'도 습지를 의미하는 몽골어 '시비르sibir'에 라틴
어의 지명 접미사인 '이아ia'가 붙은 단어이다. 모스크바와 거

의 비슷한 뜻을 가진 지명인 것이다.

　러시아에서는 제1차 세계 대전 중에 혁명이 일어나 소련이 세워졌다. 제2차 세계 대전이 끝난 후 냉전 시기에는 세계 2대 대국 중 하나가 되기도 했다.

세계사의 전개

전후 국제 정세를 상징하는 냉전

　제2차 세계 대전 후 소련을 중심으로 하는 동쪽 진영과 미국을 중심으로 하는 서쪽 진영의 대립이 나타났다. 직접적인 군사 충돌은 일어나지 않고 핵무기 보유 등 삼엄한 대립이 계속되었던 상황을 냉전이라고 부른다.

　전쟁 후 동유럽에서는 소련의 선동에 의해 소련형 사회주의 국가를 채용하는 국가가 생겨났다. 1949년 소련과 동유럽 국가들은 경제 협력 기구인 코메콘COMECON을 결성하고 동쪽 진영의 결속을 다졌다. 미국과 서유럽 국가들은 같은 해에 북대서양 조약 기구인 나토를 결성하여 집단 안보 체제를 강화하였다.

　1961년 동서 대립의 최전선이었던 독일의 베를린에서는 풍요로운 생활을 찾아 동베를린에서 서베를린으로 망명하는 사람들이 증가했다. 그 사태를 막기 위해 동베를린 정부는 동서를 가르는 거대한 콘크리트 벽인 베를린 장벽을 만들었다. 높이는 약 4미터, 길이는 150㎞를 넘는 이 차가운 벽은 동서 냉전의 상징이 되었다.

소련은 미국에 근접한 국가인 쿠바에 미사일 기지를 건설하려고 시도하기도 했다. 쿠바 위기로 대표되는 긴장의 시기였다. 아울러 전략 무기 제한 협정인 솔트SALT를 체결하는 등의 온화한 시기도 있었다. 긴장과 완화가 반복되면서 냉전은 40년 정도 계속되었다.

양 진영의 대립은 정치 무대에 국한되지 않고 다양한 분야로 번져 나갔다. 미국과 소련은 우주 개발에 자신의 위신을 걸며 경쟁하기도 했는데, 오히려 인류 발전에 도움이 된 측면도 많았다고 하겠다.

한편 1980년에 개최된 모스크바 올림픽에서는 서쪽 진영이, 1984년 로스앤젤레스 올림픽에서는 동쪽 진영이 참가를 거부하였다. 동서 냉전이 스포츠 경기에도 영향을 미친 것은 많은 사람들로부터 비난을 샀다.

냉전 종결과 미래의 세계

1985년 한 남자의 등장으로 세계의 상황은 크게 변화하였다. 소련 공산당의 서기장으로 취임한 고르바초프이다. 그는 페레스트로이카(개혁), 글라스노스트(정보 공개), 신사고新思考 외교로 동서 관계를 화해 모드로 이끌었다. 1989년 12월 미소 수뇌부는 몰타 회담에서 냉전 종결을 선언하였다. 전월인 11월에는 베를린 장벽이 붕괴되었고, 다음 해인 1990년에 동서로 나뉜 독일은 통일되었다.

냉전 종결에 큰 공헌을 한 고르바초프가 국내에서 일어난 쿠데타의 영향으로 실각한 사건은 소련의 붕괴로 이어졌다. 참고로 유엔 안전보장이사회의 상임 이사국의 지위는 러시아 연방이 계승하는 것으로 정리되었다.

20세기에 들어서 여러 분쟁을 반복해 온 유럽 국가들은 유럽 연합EU을 결성하여 통합을 향해 나아가는 등 평화를 위한 다양한 노력을 기울였다. 그럼에도 우크라이나 문제에 있어서는 러시아와 구미 국가들이 대립했다. 냉전 종결 후에도 세계에는 다양한 분쟁이 계속되고 있는 것이다.

분쟁 지역 외에도 세계에는 새로운 문제가 대두되었다. 전 지구 차원의 온난화와 사막화의 진행은 심각한 환경 오염과 생태계 파괴 같은 문제를 일으키고 있다. 태고 적부터 다양한 생물이 자라 온 지구를 오염 없이 다음 세대에 물려주는 것이 현재 우리의 사명이라고 할 정도로 환경 문제의 해결은 전 인류의 과제이다.

모든 인류는 밝은 미래를 추구하고 환경 친화적이며 지속 가능한 사회를 실현하기 위해 노력해야 한다. 과거 세계사를

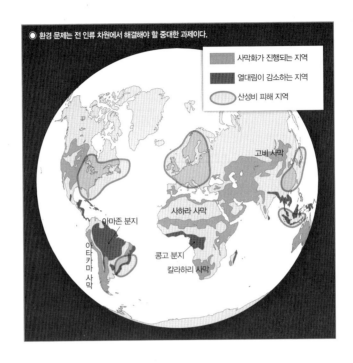

● 환경 문제는 전 인류 차원에서 해결해야 할 중대한 과제이다.

사막화가 진행되는 지역
열대림이 감소하는 지역
산성비 피해 지역

고비 사막
아마존 분지
아타카마 사막
사하라 사막
콩고 분지
칼라하리 사막

공부하여 향후 활용해 보는 것이 도움이 되리라 믿어 의심치
않는다.

한눈에 들어오는 세계사 요약 연표

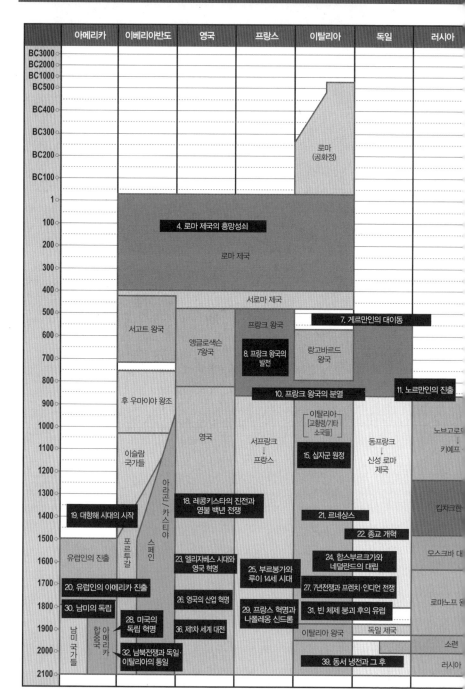

	아메리카	이베리아반도	영국	프랑스	이탈리아	독일	러시아
BC3000							
BC2000							
BC1000							
BC500							
BC400							
BC300					로마 (공화정)		
BC200							
BC100							
1							
100		4. 로마 제국의 흥망성쇠					
200			로마 제국				
300							
400							
500			서로마 제국				
600		서고트 왕국	앵글로색슨 7왕국	프랑크 왕국	7. 게르만인의 대이동		
700				8. 프랑크 왕국의 발전	랑고바르드 왕국		
800				10. 프랑크 왕국의 분열			11. 노르만인의 진출
900		후 우마이야 왕조	영국		이탈리아 [교황령/기타 소국들]		노브고로드 ↓ 키예프
1000				서프랑크 ↓ 프랑스		동프랑크 ↓ 신성 로마 제국	
1100		이슬람 국가들			15. 십자군 원정		
1200							
1300		아라곤/카스티야	18. 레콩키스타의 진전과 영불 백년 전쟁				킵차크한국
1400	19. 대항해 시대의 시작				21. 르네상스		
1500		포르투갈 / 스페인			22. 종교 개혁		모스크바 대공국
1600	유럽인의 진출		23. 엘리자베스 시대와 영국 혁명	25. 부르봉가와 루이 14세 시대	24. 합스부르크가와 네덜란드의 대립		
1700	20. 유럽인의 아메리카 진출		26. 영국의 산업 혁명		27. 7년전쟁과 프렌치·인디언 전쟁		로마노프 왕조
1800	30. 남미의 독립	28. 미국의 독립 혁명	36. 제1차 세계 대전	29. 프랑스 혁명과 나폴레옹 신드롬	31. 빈 체제 붕괴 후의 유럽		
1900	남미 국가들 / 아메리카 합중국				이탈리아 왕국	독일 제국	소련
2000		32. 남북전쟁과 독일·이탈리아의 통일			39. 동서 냉전과 그 후		러시아
2100							

북아프리카	소아시아·발칸	중동	남아시아	중국	한국	일본
이집트 문명	1. 4대 문명의 융성	메소포타미아 문명	인더스 문명	황하 문명	고조선	조몬 시대
	2. 페니키아인과 그리스 문명					
아케메네스 왕조 페르시아	그리스	아케메네스 왕조 페르시아		춘추 전국 시대		
	알렉산더 왕국					
	3. 알렉산더 대왕과 헬레니즘 문화		마우리아 왕조			
프톨레마이오스 왕조 이집트	마케도니아	셀레우코스 왕조 시리아		전한	위만조선	야요이 시대
					삼한시대	
				6. 중국 왕조의 변천		
로마 제국	파르티아		쿠샨 왕조	후한	백제 · 고구려	
	5. 페르시아계 국가의 부흥			삼국 시대		
서로마 제국	동로마 제국 (비잔틴 제국)	사산 왕조	굽타 왕조			고훈 시대
	12. 비잔틴 제국의 흥망성쇠			수	신라	아스카 시대
우마이야 왕조		우마이야 왕조	13. 불교의 전파	당		나라 시대
아바스 왕조		아바스 왕조				
		9. 이슬람 제국과 프랑크 왕국		14. 수·당의 번영		헤이안 시대
파티마 왕조	셀주크 왕조		가즈나 왕조	송	고려	
아이유브 왕조						가마쿠라 시대
	일한국	16. 몽골 제국의 약진		원		무로마치 시대
맘루크 왕조				명	조선	
		17. 원나라에서 명나라로, 중국 왕조의 변천				아즈치~모모야마 시대
오스만 제국			무굴 제국	청		에도 시대
		33. 제국주의				
			인도 제국	중화민국	일제 강점기	34. 청일 전쟁
	37. 제2차 세계 대전				북한 · 한국	35. 러일 전쟁
			38. 아시아·아프리카 국가들의 건설	중화인민공화국		

세계사 아는 척하기

지리, 지명, 지도로 보는 흥미로운 세계사 잡학 상식 39

초판 1쇄 인쇄 2018년 3월 30일
초판 1쇄 발행 2018년 4월 5일

지은이 후쿠다 토모히로
옮긴이 조명희

펴낸이 박세현
펴낸곳 팬덤북스

기획위원 김정대 · 김종선 · 김옥림
편집 김종훈, 이선희
디자인 심지유
영업 전창열

주소 (우)03966 서울시 마포구 성산로 144 교홍빌딩 305호
전화 070-8821-4312 | **팩스** 02-6008-4318
이메일 fandombooks@naver.com
블로그 http://blog.naver.com/fandombooks

등록번호 제25100-2010-154호

ISBN 979-11-6169-042-1 03900

＊이 책은 《지도로 먹는 세계사 이야기》의 개정판입니다.